En busca de un ayer perdido

Con todo
mi amor

para

Olivia

POR LA SUPERACIÓN DEL SER HUMANO Y SUS INSTITUCIONES

"En verdad os digo, si no os volviéreis
y os hiciereis como niños,
no entrareis al reino de los cielos"

MATEO 18.3

Raquel Levinstein

En busca de un ayer perdido:

El rescate de tu niño interior

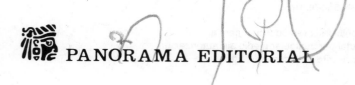

PANORAMA EDITORIAL

EN BUSCA DE UN AYER PERDIDO

Copyright © Raquel Levinstein

Primera edición: 1998
© Panorama Editorial, S.A. de C.V.
   Manuel Ma. Contreras 45-B
   Col. San Rafael 06470 - México, D.F.

Tels.: 535-93-48 • 592-20-19
Fax: 535-92-02 • 535-12-17
e-mail: panorama@iserve.net.mx

Printed in Mexico
Impreso en México
ISBN 968-38-0755-0

Al niño interior que
todos llevamos dentro

para que logres rescatarle de las garras de la inconsciencia
y con él, en tu corazón y la conciencia
logres clausurar el dolor del pasado

para que puedas romper candados y ataduras,
borrar patrones de conducta inconscientes
que te han impulsado a fotocopiar el pasado

para que puedas voltear hacia las estrellas
y hacerlas tuyas con sólo estirar la mano

para que logres despojarte de los fantasmas del ayer
vestidos de culpa y vergüenza

para que logres descubrir tu inmenso potencial
y te atrevas no sólo a soñar,
sino a hacer tus sueños realidad

para que experimentes el impulso de la vida
que te invita a ponerte de pie una vez más
para forjar un mundo nuevo, un mundo mejor

para que logres ser amigo de las aves,
entender el idioma de las flores,
reír, cantar... amar y perdonar

para atreverte a montar un corcel blanco y en él volar
e incursionar en el valle de los sueños y de las ilusiones,
para darle vida a cada anhelo clausurado ayer por temor

para que por fin logres creer de nuevo
en ti mismo... en la vida y en Dios.

Dedicatoria

A mis amigos los Alcohólicos Anónimos a quienes amo profundamente a pesar de no ser alcohólica, pues por ellos descubrí la fuerza transformadora de un Poder Superior... Un Poder Superior "como cada quién pueda entenderlo".

Así como los fundamentos de la Psicología del Espíritu que, hoy por hoy, constituye un enfoque que permita conocer los mecanismos mentales que nos conducen al caos y a la destrucción, así como a la transformación y a la trascendencia a través de un despertar espiritual.

¡Gracias por existir, por ser como son y formar parte primordial de mi corazón!

ENTRE TODOS ELLOS PARA ALGUIEN MUY, MUY ESPECIAL:

JULIO CESAR C.; fundador de grupos, forjador de sueños y esperanzas, guía e impulso de vida para quienes buscan cerrar las puertas del sufrimiento y romper ataduras y dependencias, para vivir cada hoy cara al viento y en comunión con Dios.

Y para "mi niña": Blanca R.
quien tomada de la mano de Dios, logra romper los candados de esclavitud y dolor que la mantenían atrapada en el infierno de las drogas y el alcohol, para surgir a la vida no sólo como promesa sino como la más hermosa realidad.

Con todo mi amor a mis pacientes, por compartir sus sueños y esperanzas, por permitirme penetrar a lo más profundo de su ser para juntos descubrir el inmenso potencial que nuestro Creador depositó en cada uno de nosotros, desde el principio del tiempo.

A mis radioescuchas, quienes forman parte esencial de mi existencia y que con la belleza que día a día descubren en su interior se han convertido en portadores de un mensaje de amor y de esperanza para cada ser humano.

¡Gracias! porque su sonrisa y la nueva forma de vivir que conquistan día con día, hace que ustedes sean el pilar y el mejor canal de difusión y éxito de cada uno de mis libros y del programa radiofónico:

"PENSANDO EN TI"
Este libro no estaría completo sin mencionar que en cada página, en cada mensaje de aliento, se encuentra escondido un niño travieso, una niña pequeñita y hermosa que juegan a las escondidillas; para alentar al niño interior de cada lector; para invitarlo a columpiarse en los rayos del sol, volar papalotes con las estrellas y respirar aire de libertad.

Estos niños son la esencia de cada una de las personas que han tomado el "TALLER DE RESCATE DEL NIÑO INTERIOR", que con sus lágrimas, sonrisas y experiencias han recobrado la inocencia para sembrar semillas de esperanza y eternidad para ti.

Indice

Prólogo

¡Qué traumática resulta la búsqueda y liberación de nuestro niño o niña interior! Pero, a la vez, qué alivio significa encontrarlo y rescatarlo de ese pasado, de ese ayer que lo aprisiona. Uno siente como que algo se acomoda en el alma, como bien dice la autora de este maravilloso libro, la doctora Raquel Levinstein.

En esta obra, la precursora de la "Psicología del Espíritu" nos embarca en la extraordinaria aventura de liberar a nuestro niño interior. En sus conferencias, casetes, talleres y programas de radio y televisión, ella ha ayudado a miles de personas a tomar conciencia de que su niño interior pueda encontrarse en las profundidades del alma, encadenado al muro de una mazmorra fría, oscura y húmeda, llorando, quejándose lastimeramente, a la espera de ser rescatado por ese adulto que también sufre, llora y agoniza por problemas y situaciones que tuvieron su origen en el pasado, en un ayer perdido.

Ahora tenemos la suerte de contar con este libro que nos ofrece un método para intentar por nosotros mismos realizar el rescate de nuestro niño interior. Aplicando este método, que la autora presenta con la claridad y comprensión que la caracteriza, el lector podrá, por fin, liberarse de esa pesada carga que dobla sus espaldas y que lo tiene sumido, quizás, en alguna adicción, incluyendo la adicción a alguna persona inconveniente, o en una desesperación asfixiante que lo hace vivir una vida de infierno.

Conceptualmente, el método es muy simple, pero su aplicación es dolorosa, porque doloroso es enfrentar el pasado; pero vale la pena el sacrificio pues resulta altamente eficaz. Me consta, porque la lectura del manuscrito en su primera versión "me movió el tapete" y me hizo remontarme al pasado y reencontrarme con algunos aspectos de mi vida que me estaban haciendo "ruido" pero que no me había atrevido a enfrentar. Usé el método del libro y creo haberlos resuelto. Soy, pues, el primer beneficiario de esta maravillosa obra.

La doctora Levinstein conoce muy de cerca el dolor humano. Ha trabajado y continúa haciéndolo con muchísimas personas que claman por la liberación de sus problemas. Ha rescatado del fango de los vicios a médicos, abogados, ingenieros y a personas de todas las clases sociales que ya se habían rendido, que habían dejado familia, trabajo, dignidad..., todo, abandonándose completamente en los brazos del alcoholismo o la drogadicción. Así de poderoso es su método.

Gracias, doctora Levinstein, por entregarnos esta nueva obra, que más que un libro es un cuaderno de trabajo, un instrumento de aplicación inmediata. Gracias por enseñarnos a vivir como seres normales, como las criaturas más amadas de Dios que somos. Gracias por enseñarnos a romper las cadenas que nos tenían sometidos al pasado. Gracias por enseñarnos a reconciliarnos con nuestro niño interior, para que juntos podamos realizar el inmenso potencial que Dios nos regaló al nacer. ¡Gracias!

Dr. Luis Castañeda
Autor de: *No soy perfecto, pero quiero superarme.*

Introducción

En busca de un ayer perdido

Un encuentro con tu niño interior

Este libro es para ti, si es que te encuentras sufriendo situaciones que no deseas vivir o si en tu vida se repite una y otra vez aquello que un día juraste nunca volver a experimentar. Aquello que una vez te hirió, que te lastimó tanto que desgarró tu alma con una fractura, que "congeló" la emoción de aquel momento transformándola en un recuerdo doloroso que se perdió en las profundidades de la mente y la obscuridad del inconsciente, pero que aparece intempestivamente en tu vida, haciéndote parecer infantil e inmaduro cuando enfrentas situaciones similares a las de aquel ayer, a las de ese momento de tu infancia traumático y doloroso que parece perdido en los recuerdos, pero que se encuentra permanentemente instalado en las profundidades del mundo inconsciente, en el mundo de las emociones.

Para ilustrar esto quisiera que imaginaras encontrarte parado frente al mar tirando una chancla vieja. Momentáneamente desaparece ante tus ojos entre las olas que van y vienen en su movimiento eterno, y de repente, una ola pone de nuevo ante tus ojos la chancla que suponías desaparecida. Este ejemplo, aparentemente absurdo, sin sentido, ilustra lo que vives cotidianamente: continuos deseos y propósitos de cambio, luchando constantemente contra la corriente, contra ti mismo, deseando fervientemente dejar atrás el dolor y el sufrimiento, pero una y otra vez, como la "chancla" que aparece de nuevo, te impulsa a repetir la acción grotesca que te avergüenza y te hace sentir culpable y miserable.

Este libro es para ti si es tu deseo romper las cadenas y las ataduras que sin darte cuenta te han llevado a repetir un pasado de humanidad doloroso, vergonzoso, viviendo constantemente en un túnel sin luz, en un abismo que parece no tener fondo, construyendo una realidad cotidiana que te agobia y atormenta día tras día, noche tras noche, sin entender siquiera la razón o el motivo por el cual repetimos errores en nuestra vida, contra quien decimos amar más. Aquello que te genera dolor y te avergüenza tanto, dándole vida a un ayer contaminado y obscuro en cada hoy, en cada nuevo amanecer, a través del dolor, de la repetición de patrones de conductas destructivos.

Este libro es para ti si en reiteradas ocasiones te has hecho el propósito de cambiar, de ser una mejor madre o padre, mejor compañero(a) o, simplemente, un mejor ser humano. Si adicionalmente en más de una ocasión te has propuesto dejar atrás ataduras, culpas, relaciones dependientes destructivas, dependencias químicas y emocionales, neurosis, ansiedad y tristeza inexplicable y, sin darte cuenta, has vuelto a caer en lo mismo, con un sufrimiento mayor.

Este libro es para ti si con frecuencia te sientes culpable, con la sensación interna de no merecer las cosas buenas de la vida, con la autoestima por los suelos, sintiéndote como: "cucaracha fumigada", "araña panteonera", chicle masticado", "trapeador de mar", "el tapete que todos pisan", "agujero sin calcetín".

Si frecuentemente te sientes inseguro de ti mismo y te encubres con máscara de prepotencia, de "sábelo todo", de soberbia desmedida tratando de demostrar constantemente que eres el mejor, el número uno, el superestrella.

Si te resulta fácil establecer relaciones dependientes destructivas o tienes alguna adicción como el alcohol, el tabaco, alguna droga, la comida, el trabajo excesivo, etc., tratando de llenar huecos que por más intentos que realices por llenarlos, se hacen cada vez más grandes.

Este libro es para ti si te es difícil manifestar tus emociones, si te cuesta trabajo decir "te amo" o vincularte adecuadamente con las personas en general y de manera específica en una relación de pareja de igual a igual, o incluso con tus hijos.

Si eres el clásico "ayudadicto" y te preocupas por salvar a los demás, arreglar la vida de medio mundo cuando la tuya se encuentra hecha un caos; si te esmeras por quedar bien con todos a costa de tu propia tranquilidad e incluso, de tu integridad física o moral.

Si intentas "comprar afecto" tratando de quedar bien con los demás; si tienes miedo de expresar lo que sientes, lo que piensas, de ser tú mismo, por temor de hacer el ridículo o de sentirte rechazado.

Si callas lo que quieres gritar y gritas lo que necesitas callar, para después sentirte culpable y amargado; si lloras sin razón aparente, si albergas una nostalgia inexplicable, si a pesar de haber tenido "una infancia feliz" vives un infierno cotidiano, o bien, si a pesar de "tener todo" para ser feliz: un trabajo exitoso, una situación económica boyante y una bonita familia, interiormente te sientes vacío e infeliz.

Para leer este libro e iniciar un proceso de recuperación, no cuenta la edad ni el nivel académico del lector. Basta con saber leer y escribir, tener el deseo sincero de cambiar y de trascender para forjar un mundo mejor a través de tu propio cambio, de tu propia transformación.

Es importante insistir en que este libro constituye un material de trabajo personal que propicia tu propia transformación. No es posible que otros caminen tu propia vereda. Si eres padre o madre es probable que al principio te sientas apenado, culpable por haber repetido con tus hijos aquello que tanto dolor te causó.

En el capítulo referente a la culpa hablaremos detalladamente de este aspecto; por el momento acepta que tus errores, que todas las infracciones cometidas contra la vida hasta este día, son producto de la ignorancia, de la inconsciencia, pues nadie puede ofrecer lo que no tiene; pero alégrate de saber que tú puedes regalar a tus hijos la llave que abre los candados que nos mantienen esclavizados en la inconsciencia y permitirles conquistar su propia libertad sin miedo ni ataduras, con la posibilidad de construir una vida plena y feliz, un mundo diferente y mejor.

Es importante que aprendas a ser generoso contigo mismo, pues estoy segura de que a pesar de nuestras fallas todos hemos tratado de dar lo mejor de nosotros mismos; con la mejor intención hemos querido cambiar, sólo que no conocíamos la manera de realizarlo: no existía un camino claro.

Alguien dijo que somos víctimas, hijos de víctimas y ésta es nuestra verdad por no saber quiénes somos. Por desconocer el potencial y la dinámica de nuestra propia mente hemos repetido la misma historia, bien repitiendo lo mismo que nuestros padres nos hicieron en su inconsciencia, o bien, tratando de darles a nuestros hijos lo que nosotros no tuvimos pero, en el fondo, el mismo dolor y los mismos resultados, evidenciando de nuevo la misma situación: desamor, malos entendidos, reclamos inexplicables, frustración, dolor y soledad.

Lo importante es que hoy puedes acabar con todos esos patrones inconscientes que te han conducido una y otra vez a repetir el infierno aprendido en nuestra historia de humanidad. ¿No estás cansado, cansada de hacerlo?

Te aseguro que no es necesario continuar repitiendo el dolor y el sufrimiento, que es posible vivir una vida diferente, que es posible realizar el sueño anhelado desde lo más profundo del corazón; vivir en paz y armonía contigo mismo, con tu familia y con tus semejantes en general. Sí, es posible construir un mundo diferente y mejor, y probablemente tu mejor aliciente sea precisamente tu propia historia, historia de errores, de caídas constantes, de dañar a quien más amas y destruirte tú mismo en una carrera absurda de inconsciencia.

¿Estás decidido a realizar un cambio verdaderamente transformador y perenne?; entonces, este libro sí es para ti.

Quiero advertirte que para lograrlo no basta una lectura rápida, sino establecer un genuino compromiso de trabajo contigo mismo, es decir, aplicar lo que aquí se te indica para que en esta forma, paso a paso, lograr la conquista de tu interior, aprender a ser dueño de tus emociones y constructor de tu vida, tomado de la mano de Dios.

Es probable que en este momento dudes de continuar adelante porque has tenido la experiencia recurrente de intentar ese cambio anhelado una y otra vez, porque hayas leído un cúmulo de temas sobre superación personal, porque también hayas asistido a conferencias y eventos relacionados con el mismo propósito de cambio y superación y con ello, momentáneamente te hayas instalado en los cuernos de la luna, e incluso te hayas "columpiado en las estrellas" pero, cuando menos piensas, te encuentras "trapeando el mar", experimentando confusión y un dolor aún mayor, pues te sientes incompetente, con una gran auto-devaluación y frustración; no obstante, esto tiene una explicación, pues la mente tiene una dinámica particular y sólo cuando la conoces y la entiendes es posible utilizarla en tu beneficio y en el de tus semejantes.

En este punto es importante aclarar que para conquistar un genuino cambio y la trascendencia no basta acumular información y conocimiento exclusivamente a nivel intelectual, pues el auténtico cambio debe surgir desde el corazón.

Es posible que aun la duda de iniciar un nuevo intento permanezca en ti, cuando tantas otras veces lo has intentado, cuando has buscado incansablemente por diversos caminos y experimentado una y otra vez el dolor de la caída, la angustia que genera la turbulencia y la obscuridad que se instala en la mente después de cada nueva caída.

Es comprensible tu temor y tu escepticismo, pero ¡alégrate! te aseguro que sí es posible cambiar y obtener una transformación integral; sí es posible construir una vida diferente y mejor cuando eres capaz de conocerte a ti mismo, cuando logras hacer contacto con tu niño interior y descubrir las fracturas que anidan en tu alma, y, lo más importante: a sanarlas, sí. ¡Aquí y ahora!, en este momento, sin importar el sufrimiento almacenado en lo más profundo de tu ser durante toda una vida y la historia completa de la humanidad. Es posible abrazar a tu niño interior, llenarlo de amor y juntos construir un mundo nuevo, una vida mejor.

En el siguiente capítulo vamos a hablar brevemente de la dinámica de la mente, para después hablar más detalladamente acerca de tu niño interior y descubrir dónde se encuentra y así, juntos, vamos a emprender un viaje hacia ese mar infinito de posibilidades que se encuentra en la propia mente.

Vamos a atravesar el bosque obscuro, tenebroso, poblado por los recuerdos del ayer que se pierden en la inconsciencia, y juntos descubriremos el camino que conduce hacia el Castillo Encantado, en el que se encuentra atrapado tu niño interior, un niño, una niña pequeñita y frágil que ha permanecido tanto tiempo en la obscuridad callando sus miedos, su dolor, su culpa y su vergüenza, sintiendo la ira silenciosa que aparece como brotes inexplicables de irritabilidad y agresión, ahogando sus sueños en el vacío y la soledad. Ese niño pequeño que eres tú mismo, tú misma, en un ayer que se perdió en las profundidades del recuerdo, en el mar de la inconsciencia.

1
La dinámica
de la mente

"Sólo es posible amar lo que se conoce"

ERICK FROMM

Para forjar un pilar sólido que te permita construir un cambio trascendente y permanente, es importante comenzar a descubrir el potencial que en ti se encuentra, la dinámica que prevalece en tu mente, para poder comprender el porqué de las caídas, el por qué cultivas repetitivamente adicciones, dependencias, sufrimiento, vacío, dolor y soledad, anhelando justamente lo contrario.

Sólo te pido que abras corazón y mente y le pidas al Creador, a ese poder superior, como tú puedas comprenderlo, que te permita conocer los misterios y secretos que en ti se encuentran, así como asimilar los recursos de tu propia mente, para comenzar a construir el cambio que tanto anhelas.

¿Estás listo para descubrir la dinámica de tu mente?

Imagina que desde la playa estás observando el océano; ves sobre su superficie olas que vienen y van, sabes que su profundidad es tan enorme que resulta imposible siquiera imaginarla. Haciendo una analogía, es decir, una comparación, la mente resulta similar al océano en su estructura; en general, pertenece a un nivel que no es posible tocar ni ver, al menos no con los ojos del rostro, pero sí es posible experimentar sentimientos y establecer un diálogo interno que a través de pensamientos mantienes contigo mismo, con tus semejantes e incluso con Dios, si te concedes ese privilegio.

Las olas del océano de las que hablábamos hace un momento, es posible compararlas con los pensamientos y sentimientos que tú puedes percibir cómo fluyen en tu mente, y aun cuando no es posible tomarlos entre las manos, como tampoco es posible contener una ola en la palma de las mismas, sí es posible observarlas, contarlas, incluso jugar con ellas.

Este nivel superficial en la mente equivale a la capacidad de darte cuenta de lo que acontece en tu interior y en tu entorno, pues desde este nivel superficial generalmente mantenemos contacto con la realidad material cotidiana y con nosotros mismos, mientras que los niveles más profundos pertenecen a un nivel inconsciente que, para percibirlos, se requiere de un gran esfuerzo de conciencia (conocimiento, atención).

En este nivel inconsciente existen diferentes grados de profundidad, pero, en general, prevalecen dos potencias como en la naturaleza misma en cualquiera de sus manifestaciones, luz y obscuridad; día y noche; positivo y negativo, manifestando una dualidad permanente.

Así, es factible comprender que en la mente también existe una potencia de claridad y otra de obscuridad, cada una con características y manifestaciones peculiares y diferentes, como el día y la noche.

Concretamente, la parte de obscuridad tiene contacto con tu historia individual, con tu pasado, así como con el ayer de la humanidad en general a través de un inconsciente colectivo, en el cual, según Carlos Gustavo Jung y Ralph Waldo Emerson, entre otros, señalan que todos los seres humanos participamos: los que somos, los que fueron y los que seremos.

En este nivel inconsciente que equivale a la noche de la mente, se encuentra grabado a cincel el primer garrotazo que le dio nuestro tatara tatarabuelo a la tatara tatarabuela, así como la agresión, la culpa o la vergüenza que generó algún evento de tu infancia y que la mente tiende a ocultar en los niveles más profundos de la inconsciencia y que sólo aparece como brotes de ira o agresividad inexplicables, un impulso que te obliga a llorar cuando los demás ríen y a reír cuando los demás lloran, a callar lo que necesitas gritar y a gritar lo que en realidad deseas callar, haciéndote sentir culpable e inadecuado constantemente por tus continuos brotes de emoción incontenibles e inexplicables. Te conduce hacia una frustración repetida que se alimenta con las mieles de tus continuas caídas y recaídas, de los propósitos nunca conquistados, de las promesas jamás cumplidas.

De manera inconsciente se vive un infierno permanente en el que buscas y no encuentras, quieres y no puedes o puedes pero no quieres. Y aquello que deseas fervientemente, una y otra vez se te va de las manos. ¿Cuántas veces has experimentado esta situación? el "ya merito", "por poquito lo logro" y observar cómo se desmorona, se aleja de tus manos.

Tal vez te encuentres tan acostumbrado a estas situaciones que incluso pienses que naciste "con mala estrella", que tienes mala suerte o que Dios la tiene contra ti y que te agarró de "marchante".

Cuántas otras veces has pretendido dejar algo o a alguien que te lacera, que te destruye y te mantiene esclavo de una relación dependiente destructiva o una adicción química y emocional como el alcohol o comer en exceso. Más y más sientes que la necesitas, como si queriendo dejar algo o a alguien, mientras más esfuerzos realizas por alejarte, por terminar con la dependencia, más y más te esclavizará, y así, como una cinta sin fin, te encuentras repitiendo errores, reviviendo un infierno en tu mente, en tu corazón y en tu realidad material, sin entender siquiera la razón; porque precisamente esta es la cualidad más relevante de la parte obscura de la mente: REPETIR Y MULTIPLICAR AQUELLO QUE HA SIDO GRABADO CON LA EXPERIENCIA DE UNA EMOCION PROFUNDA E INTENSA.

Esta cualidad cesa cuando enfrentas de manera consciente la emoción original, la que generó una fractura en el alma, un desgarre en el corazón.

Es por ello que para generar una genuina transformación interior resulta imprescindible voltear al ayer y con plena consciencia sacar a la superficie los recuerdos del pasado para comenzar a tener el control de tus emociones y conducir toda esta energía inconsciente hacia niveles más elevados de conciencia.

Esta potencia negativa y obscura, "la noche de la mente", misma que la psicología del espíritu, corriente de la cual la autora es creadora, se propone con el nombre de *subconsciente* y, desde luego, también almacena los eventos agradables del ayer. No obstante, éstos son fáciles de recordar y, por lo tanto, de hacerlos conscientes, mientras que los recuerdos dolorosos tienden a estar ocultos en las profundidades, por lo que se requiere un gran esfuerzo y compromiso para traerlos a la superficie y con ello hacerlos conscientes.

Es de sumo interés que tú comprendas la importancia de trabajar con este nivel de la mente, que es precisamente en donde se encuentra perdido tu niño(a) interior —del cual más adelante hablaremos con detalle—, pues no basta poblar la mente con pensamientos positivos y optimistas, ya que como te decía anteriormente, si no se hace contacto con el dolor original, si no se enfrenta con plena conciencia el dolor del ayer, la corriente de esta potencia te arrastra una y otra vez y te obliga a revivir y multiplicar el infierno del cual se pretende escapar.

Una segunda potencia de la mente humana corresponde al nivel espiritual o supraconsciente, o más allá de la conciencia. A este nivel se llega con la certeza interior de que existe algo o alguien más grande que tus problemas, que tus carencias, que tus errores; más grande que la vida misma y mucho más grande que todo el dolor y sufrimiento almacenado en el alma. Para llegar a este nivel no se requiere conocimiento o información exclusivamente intelectual, sino más bien mediante el sentimiento, sin que éste se encuentre reñido con la posibilidad de conocer, comprender y manipular leyes y características propias de esta potencia.

Cuando estás alentado por esta potencia, la vida se torna diferente, pues se instala en ti la certeza de pertenecer a un todo universal del cual tú, como cada ser vivo, forma parte de la expresión de un plan divino, por lo que resulta fácil amar, perdonar y soñar.

Ya, Cristo, nuestro hermano mayor, hace casi 2000 años había anunciado: "El reino de los cielos se encuentra dentro de ti mismo"; y cuando uno de sus discípulos lo cuestionó acerca de" ¿quién era mayor en el reino de los cielos? El, llamando a un niño, lo puso en medio de ellos y dijo: "en verdad os digo, si no os volviereis y os hiciereis como niños, no entrareis en el reino de los cielos, pues el que se hiciere pequeño como este niño, éste es el mayor en el reino de los cielos" (Mateo 18; 1-2-3-4).

Estas palabras son una razón más para encontrar a tu niño interior, pues con él es fácil, en verdad muy fácil, descubrir el reino de los cielos que se encuentra dentro de ti, deambular en el mundo de los milagros y trasladarlo a tu realidad cotidiana.

Hasta aquí hemos hablado de las dos potencias que alimentan la dinámica de la mente humana: subconsciente y supraconsciente, que equivale a hablar de: obscuridad y luz, ataduras y esclavitud, o libertad y plenitud.

La potencia obscura en la que se alberga el subconsciente está ligada al ayer, a tu historia tanto individual como de humanidad y tiende a ocultar en los niveles más profundos los eventos dolorosos que afloran en forma de pesadillas, de brotes incontrolables de llanto, risa, ira, aislamiento, etc. Y, sobre todo, la repetición incansable de los patrones de conducta que un día te dañaron tanto y que juraste nunca volver a vivir.

Mientras la potencia de claridad en la que navega el supraconsciente equivale a una apertura espiritual donde se termina el conflicto y la dualidad, ya que al penetrar en ella se permanece en un constante ascenso hacia la conquista de la genuina libertad, misma que te permite realizar tus más preciados sueños, vivir a cada momento en plenitud, dueño de tus emociones. Desde esta potencia es posible vivir de cara a la vida y en comunión con Dios, independientemente de la religión que se profese, incluso siendo ateo, permitiéndote

descubrir un poder superior o un Dios de comprensión y tolerancia, más allá de dogmas y conceptos; que te permita entender que cada uno de nosotros es una partícula pequeñita,
muy pequeñita, de la expresión de vida del Creador, y que al
ser expresión de El, retomamos con plena conciencia y humildad la realeza que nos corresponde, para manifestar lo
divino en nuestro interior y en la realidad material.

Con lo hasta aquí explicado podemos concluir que la mente tiene dos potencias: claridad y obscuridad, así como tres niveles:

1. **Subconsciente.** Ligado al pasado tanto individual como de
   humanidad y a lo estrictamente material.
2. **Supraconsciente.** Que equivale a la apertura espiritual
3. **Consciente.** Que te permite autodescubrirte, conocer y enfrentar tanto el ayer para transformarlo, así como descubrir
   la presencia de Dios, no sólo en tu interior, sino en todo lo
   que te rodea; además, te permite el conocimiento de ti, de
   tu hoy y de tu realidad cotidiana.

Con la sinopsis anterior es fácil comprender que la conciencia, no sólo puede estar ligada a lo material, a lo cotidiano,
sino también penetrar hasta los niveles más profundos del subconsciente para enfrentar y transformar el dolor del ayer, en
aceptación, perdón y plenitud, mediante el contacto con tu niño
interior, así como navegar en el nivel supraconsciente en el que
es posible comulgar con Dios, experimentarle las 24 hrs. de
cada día y sentirle más cerca aún, que el aire que respiras, con
esto resulta fácil comprender que la conciencia se va expan-
diendo conforme vas teniendo conocimiento de ti, de tu ayer y
de la presencia de Dios en tu interior.

Recuerda que en tu mente existen dos potencias: luz y obscuridad, o el día y la noche de tu mente, así como tres niveles:

1. **Subconsciente.** Permanece instalado en la parte obscura o
   negativa de la mente.

2. **Supraconsciente.** Pertenece a la parte de claridad o positiva de la mente y equivale a la apertura espiritual.
3. **Conciencia.** Puede ser conectada no sólo con la realidad
material y cotidiana, sino también con la parte inconsciente
de tu mente, tanto viajando hacia el pasado ya sea individual y colectivo en contacto con el nivel subconsciente, como
con las verdades espirituales y la comunión con Dios, mediante el contacto con el nivel supraconsciente.

Vamos a ir un poco más adelante tratando de entender la
dinámica que prevalece en cada uno de los niveles de la mente, pues, como he insistido reiteradamente, si no conoces la
energía que te impulsa a actuar de tal o cual manera, corres el
riesgo de acabar repitiendo y multiplicando el infierno del cual
pretendes escapar, independientemente de que tu deseo de
cambio sea genuino y de que los conocimientos que adquieras
contengan una gran riqueza intelectual.

La dinámica que prevalece en el nivel subconsciente o en
la parte obscura de la mente —en donde permanecen arraiga-
das las tinieblas, el caos y el conflicto interior— es posible com-
pararla con el eterno movimiento de las olas del mar. Esta dinámica involucra a todo ser humano, pues es parte de nuestra
naturaleza; esto es importante que lo comprendas, pues al igual
que el sol en cada amanecer se hace presente con su luz y su
calor para santos y pecadores, y la sombra de la noche cubre
por igual al inteligente y al tonto.

La dinámica subconsciente afecta por igual a cada ser humano, sólo que la gran mayoría lo ignora y sólo unos cuantos
lo saben. Pero esta dinámica funciona independientemente de
que la ignores o la conozcas, permanece en ti y sólo de ti depende poder utilizarla a tu favor o continuar ignorándola, per-
mitiendo con ello que te arrastre y te revuelque.

Es una energía potentísima, aún más que la electricidad, la
cual, para ilustrar lo anterior, valdría la pena mencionar que
siempre ha existido. Desde que el hombre pobló la tierra estaban los elementos dispuestos para ser utilizada tal como hoy

la conocemos y la manejamos. Incluso en la actualidad todavía es posible que alguien sufra una descarga eléctrica que puede hacerle perder la vida, sin importar su condición socioeconómica, su grado de perversión o santidad. Basta un momento de descuido, de ignorancia, para propiciar un accidente de fatales consecuencias.

Sin embargo, esta misma energía, la electricidad en este caso, te permite disfrutar de iluminación artificial, de sonido y de imagen, del uso de diversos aparatos eléctricos que simplifican tu existencia. Y aun cuando no seas un experto electricista, con los más elementales conocimientos de la misma, puedes disponer de esta energía para tu servicio y así optimizar tu calidad de vida.

Si es posible realizar esto con la electricidad, que es una energía mucho menos potente e impactante que la mente, imagina lo que podrías hacer con el mínimo conocimiento de las leyes que la rigen; así pues, prepárate a conocerla. Imagina que te encuentras en la playa observando el movimiento del mar. Verás olas que tienden a alejarse de la playa, que se dirigen hacia el océano, haciendo una analogía con la dinámica de la mente, es posible percibir sentimientos y pensamientos que te hacen sentir y pensar que la vida no tiene sentido, piensas que es preferible terminar tal o cual relación, abandonar al cónyuge, a los hijos, dejar el trabajo, el grupo de compañeros, cambiarte de domicilio, de país y hasta de planeta. Incluso en no pocas ocasiones es probable que hasta hayas pensado en la muerte como solución o como única salida. Estos pensamientos pueden ser superficiales y pasajeros o francamente profundos y obsesivos.

Esta última característica va a depender del dolor almacenado, de la falta de aceptación de ti mismo, de la vida y/o de Dios, además de muchas otras circunstancias que en este momento no considero conveniente abordar. Baste saber que los pensamientos caóticos y destructivos son como olas que pasan frecuente e incesantemente por tu mente.

Pero continuemos con nuestra observación imaginaria del movimiento continuo de las olas del mar. La ola que en un momento determinado se dirigió al océano, regresa a la playa con la misma fuerza e intensidad con la que anteriormente se alejó.

En tu mente esta ola de sentimientos y pensamientos tienden hacia la vida y te impulsan a albergar deseos que armonicen con la misma, como perdonar y cambiar genuinamente, generando pensamientos como "ahora sí va la buena", "el lunes comienzo", "en ésta sí la voy a hacer". ¿Hasta aquí, algún parecido con la realidad? Permíteme imaginar que sí, una realidad que ya te cansa, te aburre, nuevos intentos, nuevos propósitos y mejores objetivos y metas, pero en el fondo existe un temor silencioso de volver a caer en lo mismo, que te conduzca a un inventario del alma en el que casi siempre se llega con las manos vacías y el corazón seco. Descubre y entiende el porqué de esta situación.

Los pensamientos, por muy optimistas y positivos que parezcan, en tu mente son sólo como olas que vienen y van. Si estos propósitos no surgen de un nivel consciente sostenido por el conocimiento de lo que realmente eres, de tus necesidades emocionales genuinas, tienden a desvanecerse e incluso, a transformarse en sentimientos y pensamientos negativos, destructivos, que te atormentan sin cesar, manteniéndote esclavo y preso en un mar de emociones de confusión y dualidad, que vienen y van, haciéndote parecer, además, inconstante y endeble, dudando cada vez más de ti, de la vida y de Dios, de su infinita misericordia y de su inmensurable amor.

Pero continuemos con nuestra observación imaginaria de ese fascinante movimiento de las olas del mar. También es factible observar cómo las olas, en un determinado momento, se elevan, alcanzando en muchas ocasiones alturas insospechadas.

En la dinámica de la mente, en esta tendencia a la exaltación, los sentimientos y pensamientos que la pueblan te impulsan a creer que "nadie como tú", que ya no necesitas aprender más porque todo lo sabes, que no necesitas de nada ni nadie, que "ya la hiciste", etc. Es cuando te conviertes en una persona soberbia y fatua, intolerante con los demás; en esos momentos es cuando resulta más fácil olvidarte de Dios para tratar de usurpar su lugar, pues piensas que sólo tú eres dueño de "la única verdad", que sólo tú conoces el camino y la solución de los problemas de todo mundo (aun cuando tu vida se encuentra hecha un caos y no sepas cómo enderezar el timón de tu propio barco).

Desde este nivel de ceguera espiritual sin conciencia alguna, sientes que estás sentado en los "cuernos de la luna", y sin darte cuenta te perfilas hacia la caída, hacia la experiencia de tocar un "fondo" emocional, pues si observas de nuevo el movimiento de las olas en su continua actividad, es precisamente en este punto cuando las olas tienden a caer, a hundirse. Y si te encuentras en la playa es posible que te arrastren y revuelquen, haciéndote tragar agua y arena.

De igual manera, en tu mente existe esta tendencia hacia la represión, y los sentimientos y pensamientos te llevan a sentir una vez más el dolor de la frustración, de la impotencia y la autodevaluación. Y al igual que en la playa, cuando una ola te revuelca, además de sentirte atemorizado, ridículo e inseguro, en tu realidad interior y material te sientes igual, pero, además, cargado de culpa, de vergüenza y de resentimiento contra los demás, contra la vida y, como siempre, contra Dios.

Esta es la dinámica de la mente. ¿Algún parecido con la realidad, con tu realidad? ¿O es sólo un cuento de extraterrestres? ¿Ahora te das cuenta de lo importante que es conocer y entender la dinámica de tu mente para lograr una transformación auténtica, para dejar de emprender vuelos de papalote en los que, sin importar la altura que logres alcanzar estás obligado a caer? Si no has realizado un esfuerzo de conciencia, si tu niño interior continúa siendo un desconocido para ti, no hay forma de sustentar un crecimiento sólido y sostenido, una auténtica transformación interior.

Esto te explica por qué en reiteradas ocasiones has pensado que ya lograste perdonar a tal o cual persona, trascendido tal o cual situación y que, sin embargo, cuando menos lo piensas, te encuentras igual o peor que ayer, albergando los mismos sentimientos y la misma sensación de fracaso; sólo que cada vez se agrega un componente de minusvalía, culpa y frustración que te impulsa a abandonarte "a tu suerte", a permanecer inmerso en ese continuo ir y venir sin sentido, repitiendo los patrones de conducta que un día laceraron tu alma de niño y que juraste nunca volver a experimentar en tu vida.

Tal vez un día incluso juraste nunca gritar como te gritaban a ti, y por lo menos en un momento de ira ciega te encuentras gritando, golpeando como un día lo hicieron contigo. Y es justo en ese momento, con la lápida de la culpa cargando a las espaldas, que te recriminas, te castigas, te insultas y te cuestionas ¿de qué sirve todo esto?, ¿para qué tanto buscar si vuelvo a caer en lo mismo, si cada vez estoy peor?

Es por ello que soy insistente en la intención de hacer clara para ti la razón que te conduce una y otra vez a esa caída, a revivir ese infierno tan conocido del cual, te aseguro..., ¡sí es posible salir!, ¡sí es posible terminar con ese ayer repetitivo de miseria y dolor!; ¡sí es posible vivir una vida mejor en armonía, plenitud y libertad! Sólo que existe un requisito casi siempre ignorado: hacer conciencia, enfrentar el dolor original que generaron fracturas en tu alma de niño, para poder transformar este dolor en energía positiva que te impulse hacia la apertura del espíritu.

Más adelante vamos a encontrar el camino que nos conduce al autodescubrimiento y a la conciencia plena con la que es posible rescatar a tu niño interior. Por el momento debes sentirte satisfecho si por fin has comprendido que no estás condenado a vivir eternamente en la obscuridad y las tinieblas; si has comprendido que existen razones comprensibles e incluso lógicas que han determinado tu calidad de vida; si has comprendido que no estás determinado por la suerte ni por una mala estrella; que basta tu decisión y compromiso para transformar tu existencia en armonía y libertad. Lo demás, lo más importante, nos lo entregó el Señor, nuestro Creador, desde el principio del tiempo.

¿Te sientes un poco mejor?, ¿tan siquiera un poco más animado para continuar con tu propósito de cambio?, pues ¡adelante! Hasta este punto ya has conquistado el primer peldaño que te conduce a la libertad. A continuación voy a explicarte la dinámica que corresponda al nivel espiritual o supraconsciente, el día de la mente, la luz de tu interior. En este nivel de la mente, la dualidad termina, ya no existe.

El conflicto, la turbulencia de los sentimientos y pensamientos se acaba cuando se experimenta, aunque sea por un momento, el impacto de la fuerza espiritual; se experimenta una sensación de paz indescriptible, de vitalidad y, además, una impresión de expansión de conciencia que te hace percibirte como parte de un todo universal, en comunión con la naturaleza y en armonía con todos los seres vivos. Desde este nivel no cuesta trabajo alguno perdonar, porque amar es fácil; el amor brota espontánea y generosamente desde lo más profundo de tu ser, por lo que la tolerancia y la comprensión, que siempre van acompañadas del amor genuino, te permiten también ponerte fácilmente en los zapatos del otro, y más que ira o coraje inexplicables, lo que sientes es compasión, que es una de las manifestaciones más hermosas del amor genuino.

Bajo la influencia de esta energía supraconsciente también resulta fácil soñar, recobrar la confianza y la inocencia con la que es posible alcanzar uno de los dones más generosos que el creador nos otorgó desde el principio del tiempo. Este, es la fe y con ella es posible convertirte en constructor de la vida que anhelas para ti y para los tuyos desde lo más profundo del corazón, y con todo ello vivir en constante comunión con Dios, más allá de todo fanatismo y toda limitación, recobrando tu verdadera dimensión humana, haciendo realidad el sueño más caro de la humanidad: iniciar el regreso a casa para vivir de manera permanente en el centro del corazón de Dios; convertirte en la expresión perfecta del creador.

En este nivel de la mente todos tus sueños y anhelos incluyen a cada uno de los hijos de Dios, por lo que se vive reconciliado con la vida, con tus semejantes y, ¡por fin!, ¡por fin!, en armonía con Dios.

Este nivel supraconsciente, a diferencia del subconsciente, que sostiene una energía que seduce, atrapa, revuelca y arrastra, no ejerce seducción alguna, no por lo menos a nivel material, porque a nivel inconsciente se sostiene como una nostalgia permanente, un anhelo eterno que se mantiene silencioso en lo más profundo de tu corazón, y aun cuando son muchos los caminos que te conducen a esta apertura espiritual, en cada uno se requiere humildad, despojarse del ego, de las sombras que se generan en el subconsciente, dejar de lado el peso de la materia, la carga que atormenta al espíritu por un ayer que se repite y multiplica por inconsciencia.

No te confundas, no te atormentes con cuestionamientos y preguntas estériles; para dejar de ser materia y surgir en Dios con la dignidad que te fue conferida desde el principio de la creación, basta aprender a decir con todo el sentimiento y firmeza: "Hágase tu voluntad y no la mía".

A estas alturas, te preguntarás: ¿Y qué tiene esto que ver con el niño interior? Pues precisamente es darle sentido a las palabras que Cristo Jesús, nuestro hermano mayor, hace casi 2000 años, mencionó: "sólo podrán entrar al reino de Dios, los que sean como niños".

Este es otro aliciente para continuar con tu propósito. Con tu niño interior rescatado consigues el boleto con carácter de permanencia voluntaria, para vivir en la dimensión del espíritu, incluso en esta realidad material. Sí, ¡aquí y ahora!, con tu niño interior rescatado, es posible hacer realidad tus sueños más caros, conquistar tus anhelos más elevados y trascendentes.

Por el momento, vamos a continuar explicando la dinámica de la mente, de la cual sólo nos falta abordar lo relativo al tercer nivel, el que corresponde a la conciencia, la que equivale a la capacidad "de darnos cuenta", de conocer.

Para obtener conciencia no basta el cúmulo de información intelectual, el atiborrarte de nombres, conceptos, ritos, y

ceremonias, pues si el conocimiento no va aparejado de sentimiento, se convierte en confusión y sobrecarga intelectual,
pues el conocimiento exclusivamente intelectual, sin sentimiento, es como hoja muerta que se lleva el viento.

Así pues, tener conciencia de ti es aprender a descubrirte, a
autoconocerte, poder viajar en el ayer y, con pleno conocimiento, es decir, con plena conciencia, descubrir fracturas, momentos dolorosos, tal vez vergonzosos, que se grabaron en tu
mente de manera inconsciente, que no sólo te impulsan a repetir aquello que tanto te dañó, sino también a perder la noción
de lo que es bueno o dañino para ti y para los tuyos, a borrar la
posible comprensión del porqué se aceptan situaciones que te
degradan y laceran, como gritos, golpes, ser la segunda, el porqué se aceptan humillaciones y malos tratos; el porqué destru-
yes tu mente y tu cuerpo con adicciones y tóxicos. El porqué
entregas el cuerpo buscando una caricia, una migajita de amor,
para después sentirte culpable, miserable, utilizada y más ca-
rente de aquello que con tanto afán buscas: el amor, no entender tampoco porqué gritas o golpeas, porqué te engarzas
repetitivamente en relaciones dependientes destructivas o te
aislas en la soledad.

Permíteme reiterar que si no te conoces a ti mismo, es inútil, estéril, cualquier intento de cambio, aun cuando puede
resultar cómodo y aparentemente fácil y conveniente navegar
en el mar de la inconsciencia, si es que se le puede llamar fácil
y conveniente a repetir el infierno conocido de tu mente, de
tu corazón y de tu realidad externa y material. Permanecer
constantemente como hoja al viento o como barco sin timón,
dependiendo siempre de las circunstancias ajenas a ti, de la
decisión y aprobación de los demás; haciendo cosas que en
realidad no deseas hacer, para ser querido o por lo menos aceptado. Además, infringiendo dolor, vergüenza y culpa a quien
más dices amar, o bien, callar tus emociones, incluso igno-
rarlas, enganchándote en emociones ajenas para poder justificar las propias; callando, guardando expresiones de amor
que es más fácil compartir con "la mascota" que con tus pro-

pios hijos o con tus padres; este es el pago más cruel que demanda la inconsciencia.

Hacer conciencia te permite "echarte un clavado" en los niveles más profundos de la mente para descubrir las causas y razones de la vida que has llevado, haciendo contacto con el dolor original que te desgarró el alma y congeló la emoción en un recuerdo inconsciente que se repite como condena eterna.

Ejercer la conciencia para autoconocerte es romper los candados y cadenas que te han esclavizado a repetir un ayer que ya no deseas vivir más; es dejar de ser víctima de las circunstancias; es aprender a ser libre, a ser dueño de ti, para dejar de ser esclavo de las emociones y dejar de engancharte en los reclamos y expectativas de los demás; es aprender, sobre todo, a vivir alentado por la fuerza del espíritu que te impulsa a conquistar cimas insospechadas, a descubrir y utilizar el potencial infinito que el Señor nos regaló desde el principio del tiempo. Hacer conciencia es descubrir el verdadero propósito de la humanidad, de la vida misma y recordar que a pesar de los errores, a pesar del sufrimiento y del vacío de la soledad que has percibido en tu interior, es posible forjar una vida mejor.

Si estás leyendo este libro es porque a pesar del camino recorrido, de una historia de fracasos repetidos, algo en tu interior te dice que:

¡Tú eres la criatura más amada de Dios! Pensamiento divino hecho realidad, expresión perfecta del Plan Divino, del proyecto de Dios y recuerda que en un Plan Divino no puede haber "parches ni sobrantes"; y al comprender esta verdad has ampliado la conciencia a partir de tu propio conocimiento hasta la dimensión de lo divino, que no sólo abarca lo infinito de mundos y galaxias, sino que permanece en ti.

Hacer conciencia, como podrás haberte dado cuenta, requiere esfuerzo y te obliga a atravesar por el bosque encantado y obscuro de tu ayer en el que hace mucho, mucho tiempo se extravió tu niño pequeño, tu niño interior.

Conocer la dinámica de la mente te permite comprender por lo menos una parte de los motivos y razones de ese rosario de errores repetidos a lo largo de tu existencia, pues aun cuando parezca lo contrario, en ningún ser humano existe la maldad natural, sólo la inconsciencia, la ignorancia, que impulsa a "fotocopiar" el pasado, generando mayor ansiedad culpa y autodevaluación, y con todo ello se multiplica el dolor y la soledad.

Deseo de todo corazón que este conocimiento te impulse con mayor fuerza para continuar en la aventura maravillosa de rescatar a tu niño interior, pues penetrar en el nivel obscuro de la mente puede resultar doloroso; de hecho, lo es. No quiero engañarte ni ofrecer promesas falsas, sólo que el dolor que vas a experimentar es un dolor diferente, un dolor que sana, que libera, un dolor similar al de un parto con el que se inicia una vida nueva, una vida mejor.

Surgir de la obscuridad acompañado de tu niño interior es convertirte en música, en sol; es recobrar todas las cualidades que un día te permitieron ser amigo de la aves, jugar con las estrellas, montar un caballo blanco y en él volar; es recobrar la inocencia, la frescura, la espontaneidad y la capacidad de amar sin miedo, sin condición; también de perdonar sin esfuerzo alguno, de sonreír por el sólo privilegio de existir.

Hasta aquí hemos abordado someramente la dinámica de la mente y en cada paso he tratado de alentarte a continuar comprometido con la maravillosa aventura de rescatar a tu niño interior; no obstante, estamos tan acostumbrados al dolor que nos hemos vuelto adictos a él, hemos aprendido a justificar todos los sinsabores que enfrentamos día con día.

El miedo callado durante tan largo tiempo, quizá te diga que no vale la pena continuar, que tu infancia fue tan feliz que no tienes nada que rescatar, nada que modificara ese ayer que, sin darte cuenta, moldeó tu hoy. Eso es evasión, negación, un mecanismo de defensa utilizado frecuentemente por el subconsciente para evitar enfrentar la realidad, tu verdadera realidad. Si este es tu caso, te suplico que no claudiques en el to de continuar por el camino de los recuerdos engañosos. Mejor voltea hacia tu realidad y cuestiónate sobre si te gusta lo que estás viviendo.

Pregúntate si tu vida es un infierno repetido no sólo en tu propia existencia, sino vivido como herencia, como cadenas de amargura en tu familia. Mira hacia tu interior y acepta la soledad y la nostalgia inexplicables que permanecen en ti de manera silenciosa.

Estas deben ser tus razones para decidir si continúas o no con tu propósito de cambio, no los recuerdos engañosos que te llevaron a vivir el dolor más profundo que puede experimentar cualquier ser humano, ignorar que alguien o algo te robó tu niñez, pues dejar de ser niño a cualquier edad es una de las tragedias más grandes de la humanidad, así que para seguir adelante en la lectura de este libro guíate sólo por lo que estás viviendo, por lo que pretendes cambiar y no por pensamientos inconscientes y engañosos que te seducen para continuar navegando en el mar de la inconsciencia, en la repetición constante del infierno conocido.

Tal vez pienses que soy repetitiva y hasta necia al insistir tanto en las razones que debes elegir para claudicar o continuar en tu propósito de cambio, pero es que sé que el peso de la inconsciencia es enorme. El miedo que albergas en tu interior sin darte cuenta se ha convertido en tu compañero constante, y cuando alguien te dice que vas a experimentar algo que pueda causar dolor, aun cuando sea liberador, te incita a claudicar.

Es más fácil comprar un talismán o un elíxir de amor, que no sirve para nada, excepto para distraer tu dolor en una esperanza falsa que te conduce a la repetición y magnificación del error. Por lo que es viable que decidas evitar o por lo menos, posponer la búsqueda y el rescate de tu niño interior, que constituye un camino seguro para finiquitar el infierno de dolor repetido y que te permite iniciar una vida nueva, rompiendo cadenas y candados de esclavitud y miseria humana, para surgir libre y consciente y conquistar El Reino de Dios que, en esencia, te pertenece desde siempre.

El rescate de tu niño interior te permite también entregar la llave de libertad a tus propios hijos y a los seres que amas, para que recorran su propio camino de redención.

El contacto con tu niño interior constituye tu esperanza anhelada toda una vida, de vivir en armonía y libertad dejando los sentimientos, las limitaciones y carencias. Rescatar a tu niño interior es, en fin, darle vida a la vida perfecta del Creador que palpita en ti.

Y todo esto sólo lo puedes lograr tú con plena conciencia, recuerda que el Señor nos regaló libre albedrío, es decir, la capacidad de elegir, por lo que sólo tú, tú y nadie más puede lograr hacer realidad nuestro sueño más caro de humanidad, este libro pone la semillita del conocimiento; tú, el compromiso, el trabajo, el deseo auténtico de cambio; y nuestro Padre, el milagro de la transformación. Así que perdona mi insistencia, espero que comprendas la razón.

2
Descubre quién es tu niño interior

En la sonrisa de un niño se descubre un mundo.
Sus manitas pueden alcanzar las estrellas;
y su inocencia, abrir la puerta de los cielos.

El conocimiento de la dinámica de la mente nos ha permitido iniciar la aventura que conduce a un reencuentro con tu niño interior, y es probable que a estas alturas tu mayor inquietud sea saber quién es y dónde se encuentra; pues bien, juntos vamos a descubrirlo, a conocerlo, para que así, pronto, muy pronto, puedas abrazarlo, tenerlo junto a ti, en tu conciencia y en tu corazón, para poder brindarle todo el amor, la ternura, la aceptación que en el ayer le faltó, y con él logres recuperar, entre muchas cosas más, la alegría, la espontaneidad, la inocencia, la confianza en ti mismo, en la vida, en los demás y en Dios. Todo esto suena maravilloso, ¿no te parece? prepárate pues a descubrir quién es y dónde se encuentra tu niño interior.

Desde el momento en que un bebé es concebido comienza a recibir nutrición física y emocional a través de los alimentos que ingiere la madre y de las emociones que ella experimenta, respectivamente, no sólo en ese momento, sino a lo largo del periodo de la gestación; es decir, el tiempo que el bebé permanece dentro del vientre materno.

Así, esa célula diminuta en la que se concentra todo el potencial de la vida en su máxima expresión: "Un ser humano en gestación", comienza a recibir, desde el instante en que es fecundado: amor o desamor, rechazo o aceptación y todas las emociones tanto negativas como positivas que la madre experimenta durante este lapso.

Así, se va formando un feto que evoluciona hasta que se encuentra formado el bebé, y en la semana número 36 se aproxima el alumbramiento, que es el momento en que ese nuevo ser nace y hace su aparición en el escenario de la existencia, en nuestro mundo, en donde de nuevo vuelve a sentir el impacto de las emociones recibidas en esa circunstancia especial: amor o desamor, rechazo tal vez por que se esperaba un niño y fue niña, o viceversa; por el color de la piel o por el parecido con fulano o zutano, con el padre, con la madre o lo que es peor, con la suegra.

También recaen en el bebé dudas sobre la paternidad o porque tenga cabello o porqué esté pelón y por mil aspectos más, como el miedo inconsciente que experimentan los padres, ante la responsabilidad de una nueva vida que recae totalmente en ellos, el temor que generan los problemas económicos, las presiones de la vida cotidiana, los distanciamientos, el abandono y muchas razones más. Todos hacen blanco en esta criaturita pequeñita y frágil en la que se cifra el anhelo de Dios para expresar un fragmento de su inteligencia infinita, de su inconmensurable amor.

De igual manera, el amor y la aceptación que recibe desde ese momento van conformando en el bebé seguridad, una sensación interna de aceptación y confianza; en el caso contrario, inseguridad, temor inexplicable que se manifiesta en llanto y malestar constante, que genera mayor cúmulo de emociones negativas que se revierten sobre el bebé, el cual vuelve a sentir el impacto del rechazo, de la no aceptación y del desamor.

Y así, a lo largo del desarrollo en las diversas etapas que conforman la infancia, se experimentan situaciones que afectan el mundo emocional del niño y que van quedando grabadas en las profundidades de la inconsciencia, con la peculiaridad de que cuando éstas han generado un profundo dolor, culpa o vergüenza, la dinámica de la mente tiende a ocultarlas en los niveles más recónditos, grabándolas con la fuerza de la emoción de ese momento, por lo que, de manera inconsciente, tendemos a repetir e incluso a multiplicar el daño experimentado en aquel momento de nuestro ayer, a veces repitiendo la infracción contra nosotros mismos, castigándonos o agrediéndonos de una y mil maneras; a veces golpeándonos y ofendiéndonos como en los momentos de aquel ayer que desgarraron el corazón.

Cuántas veces te has observado a ti mismo cuando cometes algún error, repitiendo en silencio e incluso en ocasiones en voz alta: "soy un estúpido, una tarada, todo lo hago mal, etc." Si haces un poco de memoria, son las mismas palabras que te decían cuando eras apenas un niño.

En otras ocasiones, esos recuerdos inconscientes, el daño y el dolor almacenado durante toda una vida, se vierten en contra de las personas que nos rodean, incluso en contra de los propios hijos si los tenemos. Y cuando menos pensamos, estamos incurriendo en la misma situación volcando contra ellos todas las agresiones que en ese ayer cometieron contra nosotros y que un día juramos nunca volver a vivir ¿Te parece una historia conocida?

Cuando te has encontrado gritando, golpeando, amenazando, como tantas veces lo hicieron contigo, en esos momentos es tu niño, tu niña interior, quien grita, vocifera y repite todo lo que aprendió, todo lo que le hacían en esos momentos de dolor; ciego por la ira y el sufrimiento amargo de tu niño interior que contamina cada instante de tu vida y te arrastra hacia las tinieblas de la inconsciencia para "fotocopiar" el pasado y de repente, regresas a la realidad asustado, sorprendido y culpable, muy culpable.

El espectáculo que tienes frente a tus ojos te asusta y te atormenta: lágrimas que bañan el rostro de ese ser tan amado, tal vez sangrando si fue golpeado; y te llena de vergüenza, de dolor. En su mirada adivinas la misma ira, la frustración y la confusión que aparecían en tus ojos cuando sufriste el impacto del golpe, el insulto y la ofensa que, como un huracán, emergió en aquel entonces de la inconsciencia, en donde otro niño herido, lastimado, atrapado en un cuerpo de adulto que portaba el título de padre, madre, maestro, hermano mayor o tutor, pues recuerda que "somos víctimas, hijos de víctimas".

Con el paso del tiempo, el desarrollo físico continúa y llegamos a la edad adulta y con ella, mil y una responsabilidades que tenemos que enfrentar día con día, ignorando que cada uno de nosotros llevamos en el interior un niño o una niña pequeñita y frágil que, al no tener la nutrición emocional adecuada, fue acumulando fracturas en el alma y aprendió a callar sus miedos, sus preguntas, cansado, cansada, de no obtener respuestas. Aprendió a sentirse culpable de todo lo que pasaba a su alrededor: los pleitos entre los padres, la separación, el divorcio, la enfermedad e incluso hasta la muerte de alguno de ellos.

Tal vez sintió el impacto de ofensas, insultos, golpes, comparaciones y el abuso en todas sus expresiones, como cuidar a los hermanitos pequeños, trabajar desde muy chico para ayudar a la manutención del hogar, dejar la escuela para apoyar a la familia, ser la mamá de mamá o de papá, el hombrecito de la casa, el receptor de las emociones de los adultos, el objeto de acoso sexual e incluso, la víctima de una violación, en muchas ocasiones por parte de amigos y familiares cercanos y, lamentablemente, hasta por padres, padrastros y tutores, de quienes el corazón de un niño sólo esperaba amor, respeto y confianza.

Cuando un niño es víctima de este tipo de agresión se distorsiona el concepto de sí mismo, se cae en una profunda autodevaluación; además, se instala un sentimiento permanente de culpa y de creerse malo y diferente. Esta experiencia como muchas otras sufridas en la infancia genera un dolor tan intenso que el desarrollo emocional se bloquea, dejando atrás a un niño asustado y triste, tal vez avergonzado y culpable, que se pierde entre las tinieblas y la obscuridad de la inconsciencia, que llora sin que nadie lo escuche ni lo consuele.

Esta agresión brutal, como muchas otras que emanan de la inconsciencia contra un niño, le roban la inocencia y, con ella, la niñez entera. En algunos casos el instinto sexual se desquicia y no es poco frecuente que el niño violado se convierta en violador o inductor de conductas sexuales grotescas desde muy temprana edad. O bien, represor de todo instinto sexual, evitando tener contacto sexual en su vida adulta o por el contrario, entregando el cuerpo de forma promiscua o prostituyéndose, pues esa agresión experimentada en la infancia dejó fracturada el alma y se aprendió a obtener una caricia, una migajita de amor o aunque sea un sólo instante de aceptación por la entrega sexual inconsciente, para luego experimentar, como en aquel entonces, mayor culpa y autodevaluación, que se pretende diluir con alguna adicción química como el alcohol, la droga o el tabaco.

Y por si esto fuera poco, ese niño o niña fracturados con el látigo del desamor, tratará, una y mil veces, de formar una relación estable, de encontrar a alguien que le ame y le acepte tal cual es, incluso comprando afecto, aceptando situaciones que le degradan y avergüenzan y, sin embargo, difícilmente podrá entablar una relación permanente, pues desde tiempo atrás aprendió a desconfiar de los demás, de la vida, de sí mismo y hasta de Dios.

Una manifestación diferente de esta misma agresión sexual sufrida en la infancia puede hacer que, en el intento de borrar esa fractura que desgarró el alma en ese ayer lejano, probablemente en la vida adulta se instale en la represión, evitando todo tipo de relación que implique un contacto sexual, como puede ser el caso de amores platónicos que se hacen pasar como ideales, alegando fidelidad a "un viejo amor" con el que en realidad jamás se llegó a intimar, o bien, entregándose a una causa cuyo logro requiere un compromiso total, por lo que no existe tiempo para establecer una relación profunda e íntima.

Es también factible que en el afán de borrar esa huella dolorosa del pasado, el adulto contaminado por un niño herido en su sensibilidad más profunda, elija una carrera sacerdotal o de monasterio sin tener en realidad vocación religiosa, sino más bien pavor de repetir ese pasado doloroso que se esconde bajo un hábito o una túnica, y que asalta en pesadillas y en brotes inexplicables de sexualidad pervertida o distorsionada, agregando culpa y dolor a ese sufrimiento antiguo. O bien que se embarque en cruzadas moralistas preñado de una intensa amargura y deseo de venganza inconsciente, que le hace parecer cruel y absurdo ante los ojos de los demás, sintiendo de nuevo el dolor de aquel entonces, además de la rabia y el dolor de la incomprensión y el rechazo.

Muchas son las causas que de manera inconsciente pueden afectar a nuestro niño interior. Existen muchas otras causas que fracturan el alma de un niño, limitando su desarrollo emocional.

Es probable que por ser hijo mayor se le haya exigido poner el ejemplo a los hermanos menores y, sin importar la edad, se le haya hecho responsable de la conducta de ellos. Con ello, las heridas que fracturaron el alma de niño, contaminan al adulto y lo hacen actuar con una tendencia, o bien perfeccionista o bien desordenada, desquiciada, albergando una sensación de enojo permanente que en ocasiones se manifiesta como brotes de ira inexplicable o amenazas frecuentes de abandonar el trabajo, a la familia, al compañero, a los hijos y a todo aquello que implique una responsabilidad. En otros casos, el adulto quebrantado se perfila hacia una interminable búsqueda de "pobrecitos" o inútiles que rescatar.

También el amor excesivo o sobreprotección deja una huella indeleble en el alma del niño, haciéndolo temeroso, inseguro, rebelde, agresivo o aislado y tímido, además de endeble emocional. Entre otros casos, por el sólo hecho de ser mujer, se le pudo haber obligado a cuidar de los hermanos varones, generando, además de una gran autodevaluación, ira y frustración inconscientes, que es posible que reditúen en la incapacidad para establecer una relación profunda con una pareja heterosexual, o bien, una necesidad inconsciente de venganza o revancha contra el sexo masculino, haciéndoles sentir a éstos incompetentes, culpables y devaluados ante cada oportunidad; haciendo de cada encuentro y en cualquier circunstancia, una lucha de poder, una guerra abierta, generando dolor, frustración y un intenso vacío y soledad inexplicables.

Otras formas de contaminación en las que emerge el dolor del inconsciente desde las fracturas del corazón de niño, se dan cuando se ha experimentado en algún momento de la infancia temor, angustia, que se han acrecentado al no encontrar unos brazos que le hicieran sentir bien, un alguien que le escuchara y le dijera de manera suave y dulce, que es normal sentir miedo y angustia, independiente de ser niño o niña.

Probablemente haya recibido gritos o regaños: "cállate, pareces vieja", "las niñas lindas no lloran", "si sigues llorando te va a llevar el coco", y tantas frases más que le hayan hecho sufrir el impacto de la soledad y de la incomprensión y, sobretodo, sentirse ridículo, raro, por sentir y expresar emociones, lo que le obligó a callar sus sentimientos y a incrementar su miedo a las emociones que permanentemente fluían en su interior, como en el de todo ser humano (recuerda el capítulo de la dinámica de la mente en que se explica que ésta mantiene un continuo movimiento, un flujo permanente de pensamientos y sentimientos).

Cargando otra fractura emocional más, aprendió a reprimir o a evadir las emociones, preparándose con ello para en la vida adulta ser una persona codependiente: que experimenta el impacto de la emoción sólo a través de otros —como es el caso de los familiares de alcohólicos y drogadictos—. O bien de los ayudadictos; es decir, las personas que siempre se encuentran enfrascadas en la necesidad de "salvar" a los demás, de arreglar vidas ajenas, aun cuando la propia se encuentre desmoronada y sin sentido, en un afán inconsciente de rescatarse a sí mismos.

Algunos niños son protagonistas de un drama mayor; cuando por sus labios brotaba risa cristalina y brincaban de alegría les hicieron sentir avergonzados, incluso ¡locos! Tal vez les hicieron sentirse culpables por el solo hecho de sentirse felices. Con ello, el adulto con un niño herido en su interior, de manera inconsciente se programa para ser infeliz; una y otra vez busca situaciones o relaciones que garanticen un sufrimiento permanente, ¡sólo porque inconscientemente tiene miedo de ser feliz!

En otros casos pudo haberse obligado al niño a callar y disimular el enojo, la ira, con argumentos como; "las niñas buenas no se enojan", "Diosito te va a castigar si le contestas así a tu mamá", "si eres un niño malo, ya no te voy a querer y los reyes magos no te van a traer nada", haciéndole sentir con ello que es malo sentir enojo o molestia. Aprendió así a ser "la niña buena", "el niño obediente de mamá", a reprimir y disfrazar estos sentimientos con cara "de todo está bien, aquí no pasa nada", aunque se encuentre experimentando un intenso sufrimiento y las emociones encontradas que fluyen en el interior cuando se es víctima de un agravio, preparando al adulto del mañana a soportar malos tratos, infidelidad y hasta golpes, sintiéndose imposibilitado(a) para decir ¡basta! y, lo más grave, siempre aparentando ante los demás bienestar y felicidad, escondiendo bajo una máscara el llanto desgarrador de un niño que aprendió a reprimir las emociones negativas por temor a saberse malo y sentirse rechazado.

Cuando esta represión es tan brutal y durante largo tiempo sostenida, no es poco frecuente que el individuo afectado por esta presión estalle con brotes de violencia y agresividad al grado tal, que le resulte fácil en esos momentos de inconsciencia dañar e incluso herir y matar a otros o acabar con su propia vida; o bien, involucrarse con el mundo destructivo de las drogas y el alcohol que, paradójicamente, le hace sentir mayor culpa y autodevaluación.

Los ejemplos citados anteriormente probablemente han hecho emanar recuerdos de ese ayer olvidado y vislumbrar a ese niño interior que vive en ti, como en todo ser humano, ya que él es, en sí, la acumulación de todas las experiencias de la niñez y posee en sí mismo toda la gama de sentimientos del mundo emocional, pero quedó atrapado, preso en las profundidades de la inconsciencia, en un mundo de tinieblas y obscuridad que aparece en tu conciencia a través de pesadillas, sentimientos inexplicables de tristeza, nostalgia, ira, frustración, etc., que te llevan a perder el control de tus emociones, a decir cosas que quieres callar, a gritar sin razón aparente y a volver a sentir una y otra vez la culpa, la soledad y el rechazo que en aquel ayer se experimentó. Sin importar los intentos que realices por cambiar, ni tampoco la edad, el grado de avance económico o profesional que hayas logrado adquirir, día con día se experimenta una vez más el infierno conocido de un ayer que se hace hoy.

Y es a través de ese niño interior lacerado, olvidado y abandonado en la obscuridad y las tinieblas del subconsciente, que sentimientos añejos invaden tus momentos actuales para contaminar cada "hoy", para hacerte sentir ridículo y torpe, y para hacerte actuar de manera infantil, inmadura, dañándote tú mismo y a los demás.

Este es el drama de nuestra existencia: repetir patrones inconscientes, agregando eslabones de dolor y amargura a la cadena de esclavitud que nos mantiene atados al infierno interminable de la inconsciencia. Esta es la verdadera causa de la pesadilla que estamos viviendo como humanidad: un niño lacerado, desvalido, atrapado, prisionero en un cuerpo de adulto.

Sin duda, en aquel ayer también hubo momentos maravillosos o, por lo menos, de tranquilidad y de paz, que sin duda vale la pena también rescatar para que desde la tierna mirada de un niño sea posible enriquecer y transformar cada día de nuestra vida, de nuestro "hoy", para experimentar la frescura, la espontaneidad que sólo un niño puede ofrecer, ya que si a todas las fracturas albergadas en el alma le agregamos que a nosotros nos tocó hacer nuestra aparición en el escenario de la vida en un siglo plenamente materialista, en el que se ha descuidado e incluso ignorado la importancia de la vida emocional y espiritual, nos encontramos ya frente al perfil de nuestra más intensa tragedia, pues sin la nutrición emocional adecuada nos encontramos exiliados de nosotros mismos, vacíos en el interior, con cuerpos de adulto, dispuestos a realizar nuestro mejor papel como seres humanos en los diferentes terrenos que tenemos que abordar a lo largo de nuestra vida como hombres, mujeres, amigos, compañeros, profesionistas, padres, hermanos, etc.

No obstante, en el interior permanece instalado un niño pequeño temeroso, inseguro, tal vez con temor a hacer el ridículo porque alguna vez en ese ayer que se perdió en los recuerdos fue comparado, ridiculizado frente a los demás. Tal vez se encuentre lleno de ira, de rabia, porque fue testigo de violencia, o quizá fue directamente agredido, golpeado, por lo que en ocasiones tienes brotes de ira inexplicable.

Ignorar que llevamos un niño o una niña herida, lastimada en lo más profundo de nuestro ser, nos conduce a sentirnos atropellados, agredidos por medio mundo y otra vez, a pensar que nos hacen de menos, que todo lo que se dice y hace es en nuestra contra, a ofrecer respuestas tontas y absurdas cuando nos sentimos presionados, a sentir envidia de todo y de todos por el temor inconsciente de ser desplazados. A vivir siempre de espaldas a la vida, transitando por caminos que no son los nuestros, reproduciendo carencia, enfermedad, sufrimiento y agobio. Ignorando que no son las circunstancias actuales las que nos afectan, sino los recuerdos inconscientes que ahondan las fracturas del alma del niño que llora en nuestro interior.

Y así, queriendo entregar lo mejor de nosotros mismos, nos sentimos imposibilitados incluso para decir te amo, y nos resulta más fácil platicar con la mascota o con el amigo imaginario. Habiendo sido abandonados por algún ser querido en alguna etapa de nuestra infancia, nos programamos inconscientemente para ser abandonados o para abandonar a quien más amamos, aun cuando este abandono sea sólo de índole emocional, pues resulta imposible brindar lo que no se ha recibido, a menos de que logremos rescatar a ese niño que llevamos hospedado en el corazón, para brindarle a partir de hoy y a cada momento todo el amor y la ternura que hubiésemos querido recibir en aquel ayer.

Ahora ya sabes quien es tu niño interior: eres tú mismo en un ayer distante perdido y olvidado en la parte obscura de la inconsciencia, experimentando constantemente miedo, dolor, desamor, culpa y muchas emociones más que te han robado hasta el deseo de soñar, y sin darte cuenta has enterrado anhelos e ilusiones entre lágrimas de vergüenza y soledad.

Sí, ese niño herido, esa niña lacerada, ¡eres tú! ¿ahora entiendes el porqué de la división interna que experimentas frecuentemente?, ¿el porqué de la dualidad, de esa nostalgia inexplicable? Una parte de ti se encuentra perdida en tu túnel obscuro que te obliga a experimentar miedo, angustia y soledad sin aparente razón.

¿Cuánto tiempo has permanecido exiliado de ti mismo? ¿Cuánto tiempo callando la desesperación que late en tu corazón? ¿No es tiempo ya de emprender la aventura fascinante de rescatar a esa parte de ti? Pues prepárate a emprender ese viaje maravilloso hacia las profundidades de la inocencia.

3
Preparando el equipaje

Para incursionar en el valle de las tinieblas y los recuerdos
basta por equipaje un corazón sincero,
mente alerta, imaginación y Dios.

Hasta este momento ya has logrado traspasar los límites de la duda, del escepticismo y de la sorpresa, al descubrir que el niño interior que buscas afanosamente eres tú mismo, extraviado en un ayer que a través de la conciencia se hace hoy, en un tiempo sin tiempo, sin reloj ni calendario; también a estas alturas sabes que se encuentra perdido en la parte obscura de la mente, atado con lazos emocionales a los recuerdos de un ayer doloroso que, de manera inconsciente, te obligan a repetir los hechos lastimosos que fracturaron tu alma de niño. También has logrado descubrir que existen causas inconscientes, anteriormente incomprensibles, que te confundían y dañaban reiteradamente, haciéndote sentir impotente para dirigir tu existencia, para ser siquiera dueño de tus emociones, pues de una manera u otra te has encontrado replicando en tu vida aquello que tanto daño te causó, involucrándote con personas o tipos de personas que, en esencia, representan lo que más detestas y te recuerdan de manera inconsciente las situaciones lastimosas del ayer.

Ahora nos aprestamos a iniciar un viaje hacia las profundidades de la inconsciencia para encontrar esa parte de ti que se extravió, para rescatar del dolor amargo al niño, a la niña pequeña, que vive en tu interior.

A partir de este momento te preparas para internarte en el bosque encantado de los recuerdos, deseoso de descubrir el camino que te llevará hasta el castillo embrujado en donde ha permanecido cautivo durante tanto tiempo tu niño interior. Y como el héroe de aquellos cuentos infantiles, presto a buscar el tesoro oculto en las profundidades de la inconsciencia, resguardado por dragones y monstruos que representan el miedo y la culpa y que pretenden hacer que declines en este intento de ser uno contigo mismo, de ser libre y auténtico.

Para conquistar tan magno propósito requieres de todos los elementos posibles para continuar siempre hacia adelante en la maravillosa aventura de rescatar a tu niño interior, y con él, en tu corazón y tu conciencia, experimentar cómo algo se acomoda en el alma, cómo el temor desaparece y ¡por fin! ser libre, ser simplemente tú, sin miedo ni ataduras.

¿Ya experimentas la emoción, la expectación de ser el protagonista principal de esta aventura?, ya sientes la inquietud, la fuerza que fluye desde lo más profundo de tu ser por conseguir una nueva oportunidad para vivir, para nacer de nuevo? ¡Bravo! estas sensaciones desconocidas o quizás olvidadas son las primeras señales que te envía tu niño interior ¡disfrútalas!.

Es bueno sentir cómo la vida entera se prepara para percibir de nuevo a ese niño que vive en tu interior, para rescatarte a ti mismo, para que fácilmente puedas cumplir tu plan divino y conquistar la felicidad y la plenitud que desde el principio de los tiempos recibiste.

A continuación vas a encontrar los primeros lineamientos para irte adentrando en esta aventura maravillosa, que ya comienzas a disfrutar: procura buscar fotografías y recuerdos de tu infancia. Se vale platicar con algún amigo o conocido de aquellos tiempos. Sería también conveniente que regresaras a la escuela en donde cursaste tus estudios tempranos y, de ser posible, realizaras un recorrido por sus patios e instalaciones. De igual manera, sería enriquecedor que visitaras algún sitio relacionado con aquellos días de tu infancia temprana: la casa de la abuelita, de alguna tía o familiar, la casa en donde tú o tus padres habitaban. Escuchar música de aquel entonces, leer algún libro o revista que te recuerde ese ayer que poco a poco se fue diluyendo en la inconsciencia. También sería conveniente paladear algunos platillos o bebidas que permitan emerger los recuerdos de tu niñez. Todas estas sugerencias van conformando tu equipaje. Mientras más recursos tengas, más provisto te encontrarás para enfrentar la adversidad y los momentos difíciles que sin duda en algún momento de esta aventura vas a experimentar.

Por favor, que esto último no turbe tu corazón tu propósito de continuar con tu afán de conquistar una vida mejor a través del rescate de tu niño interior, pues evadir es lo que has realizado todo el tiempo. No enfrentar el dolor que generó fracturas y desgarres en el alma, te ha programado para repetir aquello de lo que pretendes escapar.

El infierno vivido, el dolor experimentado, deben de ser alicientes suficientes para continuar con tu propósito, pues sólo cuando se hace contacto con el dolor original y se rescata la emoción que se colapsó en el momento de la infracción vertida en tu alma de niño, se logra liberarse de sentimientos encontrados y destructivos, y con ello apoderarse de las llaves que abren candados de esclavitud e inconsciencia, para comenzar a construir la vida que desde lo más profundo de tu corazón deseas.

¿Te encuentras dispuesto a continuar con esta aventura fantástica? bien, continuamos preparando las herramientas necesarias para continuar tu viaje hacia el lugar de los recuerdos. Procura cargar constantemente papel y lápiz para anotar las evocaciones que vayan emergiendo de las profundidades; también cuando duermas, procura tener al lado en tu mesa de noche tus apuntes para registrar tus sueños inmediatamente después que te despiertes, cuando los recuerdas todavía fluyen en la superficie de tu mente cerca del nivel de la conciencia.

Es conveniente que mientras te encuentres inmerso en esta aventura, no tomes decisiones importantes o trascendentes, como dejar un trabajo, establecer una nueva relación de pareja, divorciarte, separarte de la familia (a menos que te encuentres sometido a algún tipo de violación que afecte tu integridad física y emocional, como golpes, abuso sexual, etc.), tampoco es conveniente que te comprometas con esta aventura si estás

experimentando un proceso de duelo; es decir, que hayas sufrido recientemente la perdida de un ser querido.

Si estás recibiendo apoyo profesional, comenta con tu terapeuta tu propósito, así como las fracturas o recuerdos dolorosos que vayas descubriendo a lo largo de este proceso y, desde
luego, puede ser oportuno solicitar el apoyo si aún no cuentas
con él (no es imprescindible). Puedes asistir a un taller de rescate del niño interior, que frecuentemente realiza la autora (al
final de este libro se proporcionan datos al respecto).

Si tienes personas de tu confianza puedes integrar un grupo para realizar este trabajo. En el momento oportuno se brin-
dan las sugerencias convenientes para este propósito.

Ahora bien, conforme vayas penetrando en el bosque
encantado, en la parte oscura de la mente en donde se encuentran sumergidos los recuerdos, es probable que tengas que
enfrentar emociones muy difíciles de aceptar con plena conciencia, pues por ignorancia del funcionamiento de la dinámica de la mente, con frecuencia nos encontramos reprimiendo o
disfrazando las emociones que emergen del subconsciente.

Recuerda que en este plano, tanto los pensamientos y sentimientos fluyen de manera ininterrumpida como las olas del
mar, y entre las diversas funciones de este nivel se encuentra la
de llevar al plano de la consciencia el contenido inconsciente a
través de recuerdos, imágenes, sueños, melodías, etc., sólo que
el contenido del subconsciente es amorfo, es decir, no tiene forma definida, además, es ilógico e instintivo, ya que surge en
muchas ocasiones con la fuerza de un huracán, sobre todo
en los momentos en que te encuentras afectado por emociones
intensas, tanto agradables como desagradables, por lo que no
es poco frecuente que de pronto te sientas invadido por pensamientos de odio, muerte y destrucción hacia tus seres más
queridos, hacia ti mismo, hacia tus semejantes e incluso, hacia
Dios.

Cuando estos pensamientos abordan el nivel de la conciencia, es decir cuando te percatas de lo que estás pensando, es
fácil asustarte del contenido de las ideas que fluyen por tu

mente y, por desconocimiento, en vez de aceptarlas como son para que sigan su cauce normal, como las olas del mar, te avergüenzas de esos sentimientos y les pones un dique, una barrera, imagínate el esfuerzo descomunal que se requiere para siquiera intentar detener una ola que, además, tiende a regresar una y otra vez con mayor impacto y magnitud. De tal manera que esos pensamientos regresan hacia ti cargados de culpa, de auto devaluación y desprecio.

Para ilustrar esto te voy a poner un ejemplo: de improviso surgen en tu conciencia pensamientos como ¡odio a mi madre!, ¡que se muera! (estos pensamientos pueden ser dirigidos hacia cualquier persona, incluso hacia los hijos). Cuando te das cuenta del contenido destructivo de tus ideas, te paraliza el miedo y la culpa y empiezas a tratar de evadir tales pensamientos mediante argumentos como: "¡no!, si yo la quiero tanto; además es tan buena; bueno, no tanto, pero, pobrecita, ella hace lo que puede". Sin embargo, el sentimiento que acompaña a los pensamientos destructivos continúan enviando mensajes de ira, odio, destrucción que, de manera inconsciente, canalizas hacia ti mismo y, en un diálogo interior, te calificas como: "claro, si soy un desgraciado; sólo yo puedo sentir esto; no merezco ni el aire que respiro; cómo es posible que pretenda ser feliz con toda la maldad que hay dentro de mí". Etc.

Y así, con esa confusión de pensamientos y sentimientos, con la turbulencia que frecuentemente se instala en tu mente, te embarcas en la dualidad de odio/amor en la que, por tu antigua culpa, te programas una y otra vez para ser infeliz, pues la culpa tiene la cualidad inconsciente de generar castigo y sufrimiento.

Por todo ello resulta conveniente que conforme vayas incursionando en el país de los recuerdos, cuando emerjan a tu conciencia este tipo de pensamientos destructivos, separes a las personas de las actitudes, esto es, cuando estas ideas involucren, por ejemplo, a tus padres, separa a los seres que te dieron vida, pues a ellos les debes el privilegio de existir y sólo por ello, ¡benditos sean! donde quiera que se encuentren y como

quiera que sea tu relación con ellos en la actualidad. Pero las
actitudes que tanto te han dañado, las que te han hecho derramar ríos de lágrimas y arrastrar sufrimiento, dolor y vergüenza a lo largo de tu existencia, vuélvelas blanco de esos sentimientos de odio, de destrucción.

Este proceso constituye un secreto maravilloso para poder
incursionar en la parte obscura de la mente ligada a la memoria lejana, pues al separar a las personas de las actitudes es
posible aceptar los recuerdos que tanto te lastimaron y desgarraron tu corazón de niño, sin experimentar la carga de la culpa, pues odiar lo que nos causa daño y dolor es humano; odiar
a nuestros padres o hijos es antinatural.

Al separar a las personas de las actitudes, la dinámica de
la mente sigue su cauce normal. Los pensamientos que
emergen del subconsciente al nivel de la conciencia te proporcionan información sobre eventos que debes enfrentar, es
decir, tener contacto con la emoción original sin culpa, ni evasión, por lo que se va realizando una "cirugía del alma" que
te permite liberarte de daños y agresiones; además, te proporciona material para ejercer uno de los más grandes dones
con los que el Altísimo nos dotó: el perdón, que libera y armoniza tu interior.

Con este conocimiento adquieres una de las principales
armas con las que puedes enfrentar al monstruo del miedo y al
fantasma de la culpa a lo largo de esta aventura en la que incursionas, con la enorme esperanza de dejar atrás infierno y sufrimiento, obscuridad y tinieblas.

Recuerda, separar a las personas de las actitudes conforma
la lanza con la que puedes aventurarte a enfrentar monstruos
formados de temor inconsciente y fantasmas de culpa que verás diluirse ante los ojos de la conciencia.

Otro instrumento valioso e indispensable con el que debes
conformar tu equipaje para incursionar en esta hazaña transformadora, es la de enfrentar y aceptar las emociones tal como
emerjan desde las profundidades de la inconsciencia. No sientas temor, recuerda que ya te encuentras armado con la capaci-

dad de separar a las personas de las actitudes y con ello tienes todo el potencial para enfrentar cualquier emoción, pues tienes la garantía de que no regresará a ti cargada de culpa, dolor y destrucción. Simplemente pasará como una tormenta pasajera.

Si sientes el deseo de llorar, concédete el permiso de hacerlo y observa las imágenes que fluyen por tus pensamientos, enfrenta los recuerdos que surjan de la inconsciencia y, si es posible, anótalos. Todo ello conforma el mapa que debes seguir hasta lograr el encuentro con tu niño interior.

En caso de que brote la ira, debes enfrentarla con toda la fuerza para canalizarla, golpeando algún cojín o colchón. También es válido correr, hacer sentadillas o cualquier ejercicio que te permita desplazar la potencia negativa de la ira hacia alguna actividad constructiva que implique un gran despliegue de energía, como lavar algún muro o alfombra, cavar un hoyo en el jardín, en el caso de que esto sea posible, para simbólicamente depositar en él todo el dolor, sufrimiento, coraje e ira y, posteriormente, sembrar semillas de la flor que más te agrade, para que, al poco tiempo, conforme avance tu proceso de crecimiento interior, tengas ante tus ojos el milagro de otra transformación, reflejo de la tuya propia: ver surgir flores en donde anteriormente sólo había dolor, amargura y sufrimiento.

Si no tienes un jardín a tu disposición y deseas realizar este proceso, es válido hacerlo en una maceta, aunque desde luego, en este último caso, no es conveniente hacerlo cuando estés invadido por la ira, pues recuerda que la canalización de esta emoción requiere un gran esfuerzo físico. En este paso, referente a la necesidad de enfrentar y aceptar las emociones tal como surjan del subconsciente, conviene establecer algunas reglas que, como todos los lineamientos sugeridos en este capítulo, tienen el objetivo de facilitar la incursión en el país de los recuerdos y propiciar que salgas victorioso de esta aventura sin par: rescatar tu niño interior.

1. No se vale ir a reclamar o a cuestionar a alguna persona por haberte agredido de alguna manera o por qué no haberte

querido igual que a tus hermanos, o por haberte abandonado, pues la respuesta sería la misma que tú podrías ofrecer
a quien te preguntara por qué has dañado tanto a quien
más dices amar, o por qué has permanecido inmerso en un
mar de autodestrucción y autodevaluación ¡ni tú mismo lo
sabes!

Si te dejas llevar por las emociones (como toda la vida lo
has hecho) y sigues el impulso de ir a reclamar, lo único que
vas a lograr es dejar una estela de dolor, de violencia y, probablemente, un nuevo rechazo, además de la ya conocida carga de culpa que automáticamente te conduce hacia el castigo y el sufrimiento, por lo que es posible que abandones el
camino que te conduce a la libertad y la armonía ¿verdad
que no vale la pena?

2. Cuando te encuentres enfrentando emociones es conveniente establecer límites, esto es, no permitir que esas emociones dañen a terceros o a ti mismo. No caigas en el maso-
quismo ni en la autocondolencia.

3. No se vale salir corriendo a demandar que alguien te quiera, a exigir comprensión y "apapacho", aun cuando tengas
una gran necesidad de sentirte abrazado(a). Esta aventura
no puede compartirse con nadie más; aun si te encuentras
trabajando en grupo, puedes compartir tus experiencias, tus
emociones, pero el camino hacia el interior sólo es posible
recorrerlo solo. Si estás esperando a que alguien venga a
consolarte o a solucionar tus problemas, sólo vas a conseguir maximizar la soledad y el desconsuelo de tu niña, de tu
niño interior, pues insisto, nadie tiene el privilegio de abrazarlo más que tú mismo.

Sí, se vale solicitar apoyo y comprensión durante este
proceso a las personas cercanas a ti o a quien le tengas una
gran confianza. Se puede pedir un abrazo e incluso
"apapacho", pero nunca delegar la responsabilidad del rescate de tu niño interior a una tercera persona, pues si ésta
falla (lo cual es humano) se instalará el desaliento en ti y tu
niño interior sufrirá el impacto de un nuevo abandono. In-

cluso es probable que pierda toda esperanza de volver a ver la luz y que experimentes una profunda depresión o exacerbación de emociones negativas como la ira.

4. Un aspecto más que te proporcionará una gran riqueza para deambular con libertad en este mundo de obscuridad y tinieblas, es aceptar que todo adulto que daña o agrede a sus semejantes lleva un niño herido en su interior, atrapado en un cuerpo de adulto que en algún momento de su infancia recibió el impacto del aguijón del desamor y que, por ignorancia o inconsciencia, lo impulsa a repetir de una u otra forma la herida que desgarró su alma de niño. Nunca olvides que éste es el mayor drama de la humanidad: repetir patrones de inconsciencia, aumentar en cada generación un eslabón a la cadena de inconsciencia que produce amargura, dolor, y soledad. Si logras ver en tu agresor más que al adulto que te laceró, al niño que grita en su interior y que clama por un poquito de atención, un poquito de amor, te resultará más fácil impedir la invasión de emociones encontradas y podrás verle, incluso, con tolerancia y con la compasión que surge de la comprensión.

5. Recuerda que resulta imposible que alguien pueda brindar lo que no tiene; si no se recibió amor en la infancia, es imposible poder otorgarlo, aunque lo desee con todo su afán, pues si no lo recibió, ¿cómo es posible entregarlo? Lo que se entrega solamente son distorsiones del amor: sobreprotección, rechazo, rigidez autoritarismo, imposibilidad para mostrar afecto, para emitir palabras de amor y aceptación, etc.

Este último punto es de suma importancia, por lo que es válido en tu camino de reencuentro con tu niño interior agregar "chiquitolina" a tu equipaje para que puedas dársela a "beber" a cada adulto que vayas enfrentando (en el mundo de la imaginación todo es posible) y así logres percibir al niño o a la niña que permanece en su interior.

Cuando puedes visualizar esa imagen es fácil que asome tu propio niño interior y, mira, ya entre niños siempre resulta más fácil cualquier negociación, pues en los niños es imposible almacenar resentimiento, ni rencor, para un niño es fácil, muy fácil, perdonar y olvidar.

También es conveniente que agregues una buena dosis de "gigantina" a tu equipaje para que se la des a tu niño interior cuando en las imágenes que evocan los recuerdos sientas que se encuentra desprotegido ante un adulto abusivo o violento; incluso se vale en ese momento darle "chiquitolina" a ese monstruo que asusta a tu niño interior, y que éste tome "gigantina". ¿Te imaginas la escena? los papeles invertidos en aquellos momentos cuando fuiste agredido con alguna infracción a tu inocencia, a tu pequeñez y fragilidad. Suena emocionante y divertido ¿no?

6. Un recurso final, quizás el más importante de todos, es invitar a esta aventura maravillosa a un poder superior, como tú puedas concebirlo: inteligencia cósmica, Dios, Cristo Jesús, etc.

No mal interpretes ni permitas que cuestiones religiosas te alejen de tu propósito. Esta propuesta no es de índole religiosa, sino netamente espiritual, pues cada ser humano es la expresión perfecta de vida, una amalgama de cuerpo y espíritu, de nada y eternidad. Y hablar de espíritu es hablar del altísimo, de la esencia de la vida, del eterno amanecer, de la luz, el camino y la verdad; hablar de nuestra más profunda y genuina realidad.

En este punto, debo confesarte que tengo una gran debilidad por Cristo Jesús, pues resulta tan fácil verle, sentirle, incluso platicar con él resulta tan sencillo. Desde mi punto de vista personal, nadie como él para expresar el amor y la aceptación total. A veces me lo imagino como mi amigo, mi "cuate"; a veces como un padre amoroso, misericordioso, pero siempre a mi lado. Te aseguro que no existe mejor compañero que él, por lo menos para mí. Pero tú elige a quien quieras, lo importante es que en este intento tengas siempre a tu lado a alguien que responda, independientemente del horario, de tu estado de ánimo, de lo bien o mal que te hayas portado, y que siempre le encuentres con los brazos abiertos, sin reclamo, reproche ni condición. Alguien que ante la más mínima invocación te cubra con su luz y con su amor y que su presencia sea como una armadura que te proteja contra los embates de los recuerdos dolorosos del ayer.

Es probable que si tu niño interior se encuentra muy lastimado, te sientas enojado también con Dios. Déjame decirte que esto es normal y, además, tienes el derecho de estarlo si sólo has experimentado dolor, abandono y sufrimiento a lo largo de tu existencia, aun cuando este sentimiento genere en ti una gran culpa y angustia por temor a ser castigado. Estas son reminiscencias de los temores que ha almacenado tu niño interior y que en la realidad no tienen validez, pues Dios, el Dios verdadero, está mucho más allá de todo concepto humano y racional, mucho más allá de todo fanatismo y de los enojos y berrinches que hayas podido realizar a lo largo de toda tu existencia. Adicionalmente, su amor es más, mucho más grande que todos nuestros errores y problemas juntos.

Te aseguro que si logras continuar comprometido con esta aventura de rescate de tu niño interior, en el momento menos pensado te resultará fácil, muy fácil, reconciliarte con Dios y sentirle tan cerca como sólo un niño lo puede experimentar. Por el momento, es válido que recurras hacia cualquier personaje con el que tú consideres que puedes contar a lo largo de toda esta fantástica aventura. Sólo te suplico me permitas a mí invocarle a él, a Cristo Jesús, para iniciar este recorrido misterioso tomados de su mano, pues te repito, para mí él representa a mi mejor amigo, compañero, guía y confidente. Pero insisto, no te sientas influido ni enojado, realiza tu elección libremente y continúa adelante con este proyecto.

Lo que verdaderamente importa es que cuando diriges tu mirada interior hacia un poder superior, sin darte cuenta estás poniendo en actividad el nivel más elevado de tu mente, es decir, el supraconsciente, que equivale al día, a la claridad de tu interior y, con sólo esto, en tu mente, alma y espíritu se van conformando cambios radicales que te permiten sentirte armonizado y constantemente impregnado por un torrente de paz y serenidad, pues te permite trascender, es decir, traspasar el caparazón hermético del egoísmo y del egocentrismo, que viene a ser precisamente el caudal de sentimientos, emociones y pensamientos que sólo giran alrededor de ti mismo.

Con los lineamientos anteriores ya tienes formado tu equipaje para adentrarte de lleno al mundo misterioso de la inconsciencia, en donde se encuentra extraviado tu niño interior.

Recuerda que tú eres el protagonista de esta aventura fantástica que ningún cuento de hadas puede equiparar. Mantén siempre el corazón abierto, la mente alerta, e inicia con gran valor y alegría la más grande empresa que puedas siquiera imaginar: conocerte a ti mismo a través del rescate de tu niño interior.

Antes de incursionar en estos terrenos, vamos a realizar una oración dirigida al poder superior que tú puedas aceptar y entender, aun cuando yo constantemente me refiera a Cristo Jesús (perdóname, no pretendo influir de manera alguna en tu elección, pero su presencia y su amor es para mí la razón de mi existencia, y casi sin sentirlo su nombre brota de mis labios, como la flor del capullo) para que nos acompañe a lo largo de nuestra jornada. ¿Te encuentras preparado?

Busca un espacio tranquilo, procura dejar fuera preocupaciones y angustias para abrir mente y corazón y dirigir los ojos del espíritu hacia una dimensión superior, hacia la morada del altísimo quien, te recuerdo, se encuentra más allá de dogmas, conceptos, y ritos. El constituye la fuente universal de la creación, independientemente del concepto que se tenga de Él y de la religión que se profese; en el reino de Dios, como en el de los niños, no existen fronteras ni divisiones.

La invocación que realices hacia tu poder superior (como tú puedas entenderlo y concebirlo) puede salir directamente de tu corazón; no te fijes en las palabras, lo que verdaderamente importa es la intención y el deseo sincero de compartir con Él esta aventura, de hacerlo tu compañero constante, de convertirlo en tu fuerza secreta, tu consuelo, para sentir su ternura en los momentos que encuentres a tu niño interior desvalido, agobiado por el temor y la soledad; y que sea también tu luz en el camino de la obscuridad, así como tu armadura, para impedir que los embates de los recuerdos dolorosos lastimen tu corazón.

Si así lo deseas, puedes utilizar la oración que a continuación te presento para invitarlo a El, a formar parte del proyecto más importante de tu vida. Recuerda que es promesa divina: "Aquello que pidieres en oración con fe, te será concedido"; "Al que toca, se le abrirá; el que busca encuentra". Así que puedes tener la certeza de que después de orar "a corazón abierto" ya no te encontrarás sólo en esta aventura; irás tomado de la mano de alguien infinitamente grande y especial, alguien que te ama tal como eres y que desea sólo tu felicidad.

Esta oración debes leerla lentamente y repetirla con tus propias palabras o bien, la puedes grabar y escuchar siempre que te encuentres turbado(a), cuando sientas que te abandona la fuerza y que el dolor se instala en tu corazón.

Oración

Padre, escucha mi oración que sale del corazón afligido de quien ha permanecido tanto tiempo en el valle de la obscuridad y los lamentos, extraviado sin rumbo y sin luz.

Hoy, ante ti, me encuentro impregnado por un intenso deseo de volver a vivir, de comenzar de nuevo con una existencia diferente alentada por la fuerza de mi niño, de mi niña, interior.

Permíteme recuperar la inocencia, la fe, la espontaneidad que tú depositaste en mí desde el principio del tiempo; permíteme recuperar la fuerza, la alegría que me llevó a conquistar el milagro de la existencia, cuando apenas era una cédula diminuta y de manera inconsciente creía en la vida, creía en ti y en mí.

Aquí estoy ante Ti desvalido, sin rumbo, como un niño extraviado en la obscuridad de la noche de la inconsciencia; me encuentro cansado, cansada, de tanto buscar, de repetir patrones de conducta que un día me lastimaron tanto, y que juré nunca, nunca volver a vivir.

Aquí estoy ante ti con el único deseo de rescatar por fin a mi niño, a mi niña, interior para volver a soñar, para poder liberarme de las ataduras y candados que me impulsan a fotocopiar el pasado, el infierno conocido que ya no quiero vivir más.

No llevo más equipaje que mi fe y el anhelo sincero de romper cadenas de amargura, llevo el valor que tu presencia me infunde, los recuerdos y la imaginación.

Te ruego que seas mi compañero constante en esta aventura maravillosa en la que pretendo incursionar en el valle de los recuerdos para rescatar a mi niño interior y regresar a ti con una sonrisa en los labios, un corazón henchido de dicha y el espíritu expandido en la libertad de tu amor.

Gracias, Señor, porque ya siento la luz de tu presencia, la fuerza que infundes en mi corazón.

Gracias, porque así, tomado de tu mano, tengo la certeza de que puedo sacar de las tinieblas a esa criatura maravillosa que Tú elegiste para expresar un fragmento de tu plan divino y que, por inconsciencia, quedó extraviado en el valle de las tinieblas y la obscuridad.

Gracias, porque como magia, como milagro, tomado de tu mano es posible traspasar tiempo y espacio para reencontrarme con esa parte de mí que quedó olvidada, fragmentada en un ayer sin tiempo.

Gracias, porque en Ti y por Ti es posible traer a mí hoy a ese pequeñito que vive dentro de mí, para brindarle en cada hoy el amor que le faltó en el ayer. Y con él en mi conciencia y en mi corazón, poder estirar las alas y volar hacia la libertad genuina, para poder extender la mano y jugar con las estrellas, sonreír y perdonar.

Gracias, porque en Ti y por Ti, contigo a mi lado y con mi niño interior es posible construir una vida nueva, una vida mejor.

¡Gracias por escucharme!

¡Gracias por responder!

Ahora, ya cubierto por la luz, la armadura invencible de tu poder superior, puedes incursionar confiado en el valle de las ilusiones, en los dominios de la memoria que abarcan las profundidades de la inconsciencia.

4

En busca de tu niño interior

La aventura más fascinante
que puede emprender hombre alguno
es la que le permite descubrirse y rescatarse a sí mismo.

Imagina que ya te encuentras en el umbral, en la puerta del valle de las tinieblas, de la obscuridad... te sientes confiado, tranquilo porque junto a ti viene ese Poder Superior que te envuelve con su presencia de luz; cuentas, además, con recursos de la imaginación y con el valor que te imprime el genuino deseo de finiquitar un ayer de dolor, sufrimiento, angustia y soledad.

Ahora que comienzas a incursionar en este valle olvidado en busca de tu niño interior, puede presentarse en cualquier momento en la oleada de imágenes que fluye por tu mente. Permanece alerta para poder abrazarlo, sonreirle desde el primer momento en que aparezca frente a ti.

Para ir en su encuentro vamos a ir recorriendo, paso a paso, las diferentes etapas que conformaron el desarrollo de la infancia, con el fin de detectar y sanar en cada una de ellas las posibles fracturas emocionales que laceraron en aquel ayer distante tu alma de niño.

La primera etapa, que está dirigida al rescate de tu "yo bebé", comprende desde el momento de la concepción hasta el nacimiento como momento cúspide e, incluso, el primer año de edad.

La segunda etapa establece el rumbo de rescate hacia tu "yo nene", que abarca desde el primer año hasta los cuatro años aproximadamente. La tercera etapa está conformada por las experiencias de tu "yo niño", a partir de los cuatro y hasta los 12 años. Esta sucesión se ha establecido con el fin de que cada una de las etapas del desarrollo infantil esté incluida en la siguiente para facilitar la integración de las imágenes y de los recuerdos y de esta manera coadyuvar a minimizar la disociación que ha prevalecido en ti durante tanto tiempo.

Se propone esta secuencia para llevar un orden lógico y cronológico en esta aventura; no obstante, es probable que en tu mente aparezcan imágenes que no corresponden a la etapa que se está abordando, por poner un ejemplo: es factible que al estar trabajando con la primera etapa que corresponde a la concepción y nacimiento, aparezcan imágenes de un niño o una niña de mayor edad. No te alarmes, esto es natural e incluso favorable, pues la mente tiende a traer al nivel de la conciencia primeramente las fracturas más importantes que afectaron tu corazón de niño.

También es factible que conforme avances en este proceso vayan apareciendo recuerdos referentes a otras etapas de tu niñez, independientemente de la edad y sin aparente orden cronológico. Igualmente es probable que aparezcan al final del camino los recuerdos más dolorosos en diferentes etapas de tu existencia.

Te advierto que el orden de aparición no afecta el resultado final; lo verdaderamente importante es que pongas atención en cada imagen que emerja de la memoria, que observes lo que te dice tu niño interior, que enfrentes la emoción que aparece acompañada del recuerdo, para que logres sanar fractura a fractura, pues éstas son las que te han hecho endeble e inmaduro emocionalmente.

Así que no te preocupes por llevar un orden cronológico, lo relevante es detectar los momentos en que tu alma de niño fue fracturada con impactos emocionales de desamor, rechazo y comparaciones, para así poder hacer contacto con el dolor original y poder sanar cada herida.

Juntos vamos a realizar un "mapeo" del alma; es decir, a establecer un camino forjado de recuerdos construidos con "cabitos", como el hilo de Adriana, que le permitió a Teseo, ese gran héroe de la mitología griega, salir del laberinto en el que se encontraba preso.

Para ello vamos a responder con toda honestidad cada una de las preguntas formuladas; para contestarlas, interroga a tu corazón. Si es posible, investiga con otras personas: amigos de la infancia, hermanos o hermanas mayores, o con familiares que de alguna manera hubieran compartido las experiencias de tu niñez; sólo recuerda que no se vale ir a cuestionar y, mucho menos, reclamar, a la o a las personas involucradas directamente en las experiencias traumáticas y dolorosas de aquel ayer, del ayer que emerge de los recuerdos.

Es importante que sepas que estas respuestas no van a ser calificadas, ni expuestas. No permitas que la angustia y la presión de desear hacer todo perfecto o el temor de siempre hacer todo mal, nuble la genuina perspectiva de tu pasado, de ser posible, anota los recuerdos que vayan poblando tu memoria; pero más que escribir, deja volar la imaginación para evocar el mayor número de imágenes posible y, sobre todo, trata de hacer contacto con la emoción que genera cada una de ellas, pues recuerda que tu niño interior vive atado al mundo de las emociones y sólo a través de ellas es posible encontrarlo.

Ya anteriormente hemos hablado de la importancia de enfrentar y aceptar cada sentimiento, cada emoción, tal como se presenten. Recuerda que la única regla es no permitir que estos sentimientos o emociones dañen a los demás o a ti mismo. También sabes que cuando aceptas la emoción tal como es, tiende a pasar sin dejar secuela; sólo se torna dañina cuando la reprimes, la justificas, la evades o te "montas" en ella. Es decir, te dejas llevar por ella para agredir a los demás y lacerarte a ti mismo.

Otra inquietud que puede surgir a lo largo de este recorrido es la posibilidad de que cuando aparezca tu niño interior en las imágenes de tus pensamientos, lo observes triste o enojado y te invada la culpa por mantenerlo en tal condición. Recuerda que nadie puede dar lo que no ha recibido. Perdónate y sigue adelante en tu intento. Dile en silencio, con los ojos cerrados, que tú ni siquiera sabías que vivía dentro de ti, pero que ahora que lo has descubierto no piensas abandonarlo nunca más. Verás que poco a poco él o ella aceptan tu cercanía. Te aseguro que él se encuentra más ávido que tú por ver la luz, por respirar aire de libertad y poder sonreír junto a ti.

Un factor más que puede detener el propósito de reencuentro con tu niño interior, es el hecho de que a pesar de incursionar a través de recuerdos, de imaginación y de técnicas y ejercicios para establecer contacto con él, no aparezca en tu mente la imagen de tu niño interior.

Esto puede producir una intensa angustia, pero sólo habla de que desde muy temprana edad dejaste de ser niño o niña, tal vez porque te hicieron responsable de los hermanos menores, de la familia entera, porque tuviste que trabajar desde muy pequeño o, lo más doloroso, porque tu niño fue avergonzado con la agresión más lastimosa que puede sufrir un infante, como puede ser la violación sexual.

Cualquiera que sea el caso, abrázate tú mismo con todo el amor y la ternura que hubieras querido recibir en aquel entonces y dile en silencio a tu niño interior, aun cuando no lo percibas en tus imágenes interiores, que lo amas, que lo aceptas tal cual es y, sobre todo, que reconoces que él o ella no es culpable de la agresión brutal, de la inconsciencia de un adulto tu niño interior.

Verás que poco a poco emerge desde la obscuridad hasta tu conciencia para ser abrazado y liberado de aquel dolor añejo, de esa fractura que desgarró su corazón y le hizo sentir desde entonces que no valía un ápice y que merecía sufrir rechazo y desprecio una y otra vez.

En el caso de que por haber enfrentado responsabilidad de adulto desde muy temprana edad hayas extraviado tu niñez y, por lo tanto, no exista un niño a quien recordar, busca en las fotografías, las imágenes de ese niño tan amado, tan necesitado y deseado.

No es remota la posibilidad de que tampoco tengas a la mano fotografías de entonces, pero aún en este caso es posible continuar con tu propósito. Visualiza un niño, una niña, como tú hubieras querido ser o como te imagines que hubieras sido en aquel ayer. Verás que poco a poco la imagen va a generar evocaciones del subconsciente, en las que, cuando menos lo esperes, va a aparecer en tu imaginación tu niño, tu niña, interior.

Otro aspecto que puede alterar el avance hacia el contacto con tu niño interior es el caso de que siendo padre o madre, o bien el tener niños bajo tu cuidado y percibir conscientemente el daño que se les ha causado, te invada la culpa y trates de evadir o disfrazar el impacto de la realidad.

En este caso, sé generoso contigo mismo y aplica la misma regla que has logrado regalar a quien más daño te causó; esto es, separar a las personas de las actitudes. Recuerda que tú tampoco conocías una manera diferente de actuar y que al vivir en la inconsciencia solamente fuiste capaz de replicar aquello que tanto te afectó, alentado tal vez por el deseo de brindarles lo mejor, pero sólo distorsionaste la manifestación convirtiéndote en un padre sobreprotector, y preocupón, o simplemente, a pesar de realizar un esfuerzo sobrehumano para conseguir brindarles todos los recursos materiales posibles, te has sentido imposibilitado para proporcionarles amor, y con ello, sin darte cuenta, los has hecho víctimas de la misma infracción que te fracturó a ti. Que no se te olvide jamás que:

"Somos víctimas, hijos de víctimas"

Y, además, que nadie absolutamente nadie, puede ofrecer lo que no ha recibido. Desde luego, esto no es justificación, pero tú ni siquiera sabías que en tu interior vivía un niño lastimado, fracturado tantas veces en el alma y en el corazón, que de manera inconsciente, atormentado por el miedo, el abandono y la soledad, te impulsó a fotocopiar el pasado.

Pero alégrate; a partir de la reconciliación contigo mismo, a partir del encuentro con tu niño interior, podrás entregarles las llaves para sanar sus propias heridas y romper con las ataduras de la inconsciencia. Para este propósito, además de ofrecerles una explicación por tus conductas anteriores, hazles saber cuánto les amas y diles que son lo más importante para ti pero que, lamentablemente las heridas que tu inconsciencia les ha provocado, sólo ellos mismos podrán sanarlas, como tú mismo tuviste que hacer con las tuyas. Bríndales la oportunidad de elegir: continuar repitiendo infiernos de inconsciencia dañando, como tú mismo lo hiciste en el ayer, a quienes más amas, o elegir un camino de libertad a través del propio encuentro con su niño interior. Obséquiales un ejemplar de este libro o sugiéreles tomar un "taller de rescate del niño interior" (al final del libro se proporciona un apéndice con los datos de los talleres que ofrece la autora).

Lo importante es que no permitas que el sentimiento de culpa tan bien conocido por ti, se instale de nuevo en tu alma impidiendo que percibas el camino que te conduce hacia tu objetivo: ¡encontrar y abrazar a tu niño interior!, pues la culpa siempre tiende hacia caminos del pasado teñidos de dolor y sufrimiento y te impide vislumbrar otros de dicha, armonía y libertad, que son los que comienzas a recorrer.

Recuerda que ya estás en el país de la obscuridad, en donde fácilmente emergen monstruos y fantasmas que pretenden hacerte desistir en tu intento, obligarte a dar marcha atrás para permanecer atado al infierno de la obscuridad y la inconsciencia.

Debes mantenerte alerta a cada momento para despejar el camino de sus embates y continuar siempre hacia adelante. ¿Te encuentras listo para proseguir? ¡No te detengas! y continúa penetrando en este lugar misterioso y fascinante en el que te aguarda ansioso tu niño interior.

En este camino de obscuridad y tinieblas, la culpa puede adoptar también el rostro del remordimiento en el caso de que alguno de tus padres o ambos hayan fallecido y te invite a declinar haciéndote parecer malo o ingrato. En este punto, el temor y la duda pueden unirse a la fuerza del remordimiento, y es probable que prefieras callar todas las infracciones que causaron impacto en tu niño interior en aquel ayer distante.

Si es éste tu caso, evoca dos de los principales recursos con los que cuentas y que constituyen armas poderosas para desvanecer este ataque: separar personas y actitudes y la apertura espiritual que te brinda la oportunidad de poder coincidir con ellos en ese plano a través de tu sentimiento e imaginación, pero con tu niño ya liberado para poderlos abrazar, perdonar e incluso, invitar a sus propios niños internos a jugar. ¡No te detengas! ¿Continuamos?

Otro obstáculo que probablemente en algún momento de tu camino tengas que enfrentar, es el temor disfrazado de gratificación neurótica; esto es, la sensación interna y el pensamiento de que, si bien o mal, hasta el día de hoy te encuentras más o menos bien y que "hay la llevas" o que "la vas pasando", ¿para qué dejar atrás la adicción al dolor y al sufrimiento que te ha acompañado durante toda la existencia? Por favor, no te detengas, son trampas de la inconsciencia.

Ya has tenido el valor de llegar hasta este punto porque en verdad anhelas una manera diferente de vivir, te mueve la esperanza de encontrar ¡por fin! a tu niño interior, y con él en tu corazón y en tu conciencia construir un mundo nuevo, un mundo mejor. Además, recuerda que no te encuentras sólo; junto a ti se encuentra Él, nuestro creador.

A lo largo del camino pueden aparecer uno y mil monstruos y fantasmas, brujas y ogros que no son sino la culpa, la vergüenza y el miedo, vestidos con diferente ropaje, haciéndote recordar eventos dolorosos, vergonzosos, acontecidos a lo largo de tu existencia, como puede ser el caso de un aborto, el abandono de un hijo y muchos, muchos más. Sólo tú conoces tu propia historia. Lo importante es que no te detengas. Utiliza los recursos que llevas en tu alforja, en tu equipaje y recuerda que quien hizo mar y tierra te ha perdonado ya, pues va a tu lado para que juntos logren rescatar la esencia de la vida que anida en tu niño interior.

Te aseguro que él está más deseoso que tú porque, por fin, logres dejar atrás el infierno de la inconsciencia, desde donde se producen todas las carencias, enfermedades y males de la humanidad ¡no desistas!, ¡atrévete a continuar siempre con la vista hacia las estrellas! para que con tu niño interior tomado de la mano, juntos logren iniciar el regreso a casa en dirección hacia el corazón de Dios, hacia el alba que refleja la promesa de un nuevo amanecer, del surgimiento de una nueva era.

Para concluir este capítulo, sólo quiero pedirte que conforme vayas profundizando en el valle de la inconsciencia y emerjan recuerdos cubiertos por mantos de dolor, culpa y vergüenza que surgen desde las profundidades de la obscuridad, no te alarmes, ni retrocedas; ahora sabes que bajo esos recuerdos dolorosos se encuentra sepultado tu niño interior, aguardando ser rescatado. Cuando esto suceda, abrázate tú mismo con toda ternura y el amor que hubieras querido recibir en aquel momento, y en silencio, como una oración repite para ti mismo:

"Ya nunca más, nunca más, mi amor, ahora aquí estoy yo junto a ti, y siempre junto a nosotros ¡Dios!"

Y así, abrazando a tu niño interior mediante el abrazo que te proporcionas a ti mismo, deja que la emoción fluya y que el llanto bañe tu rostro. Pronto podrás percibir cómo, poco a poco, van siendo más nítidas las imágenes de tu niño interior en la imaginación, y conforme avanzas en tu propósito de rescatarlo, sentirás cada vez mayor serenidad y podrás observar cómo se aleja la tristeza de su mirada y fácilmente comienza a sonreír y con ello el impacto del dolor de cada recuerdo disminuye, e incluso, desaparece.

Y esto se debe en gran medida a que tu niño, a través de tu cercanía y atención consciente, se encuentra cubriendo las necesidades más relevantes de la nutrición emocional, para cualquier ser humano en cualquier etapa de la existencia, especialmente en la infancia.

Estas necesidades son:

Sentirse amado incondicionalmente,

sentirse aceptado sin reproche ni condición, y sentirse importante, único e irrepetible.

Estas necesidades son tan básicas para el desarrollo afectivo como para la estabilidad emocional, tanto como lo es el aire para respirar.

En caso de que decidas trabajar en grupo, es conveniente promover el contacto físico entre los integrantes, cuando se compartan las experiencias traumáticas que irán aflorando en la conciencia a lo largo de este proceso.

Por un lado compartir y escuchar experiencias enriquece la dinámica y la expresión libre y abierta de las emociones, por otro lado el contacto físico como podría ser una caricia, un abrazo, alguna palabra de aliento, de aceptación, como: "está bien sentir lo que sientes", o de amor: "te quiero mucho", "te admiro", "que valiente es tu niño, tu niña interior", etc. Todas estas palabras se convierten en una caricia , un bálsamo para el alma.

Todo ello abre canales de expresión para el niño que vive dentro de cada hombre y mujer. Cuando le permitimos que se manifieste, es fácil expresar ternura y amor desinteresado, es fácil también que el dolor de los demás se sienta como propio, con lo que se logra no sólo trascender el caparazón del egoísmo, sino también exaltar la compasión y la tolerancia, pues la expresión de afecto entre niños elimina las fronteras de la mezquindad y de la conveniencia personal, para expresar, a través de su manifestación de afecto, la aceptación y el amor de Dios.

Prueba de ello es que, probablemente, en tus recuerdos ocupan un lugar especial los amigos de la infancia, los amigos "de aquellos tiempos" con los que compartías tus sueños e ilusiones al igual que los problemas y fracasos. En aquel entonces: cuando el corazón hablaba antes que la razón y los intereses mezquinos que se iban forjando a lo largo de nuestra existencia. Seguramente no existían barreras socioeconómicas ni culturales ni de color de piel. El o ella era simplemente tu amigo o tu amiga, alguien con quien era posible que fueras simplemente tú.

5

1a. etapa: El milagro de la vida al encuentro de un bebé único y maravilloso

*Un bebé en gestación es
como una estrella en explosión,
¡un volcán en erupción!*

A partir de este momento vamos al encuentro de tu niño interior. Tomados de la mano de nuestro Creador vamos a atravesar tiempo y espacio para remontarnos hasta la primera etapa, es decir, el momento en que a partir de una célula diminuta se hace manifiesto el milagro de la vida en una de las expresiones más hermosas: ¡un bebé!...

En el que se encierran todos los misterios de la existencia y el anhelo de Dios, la vida en sí, en cualquiera de sus manifestaciones es un milagro, pero la expresión de vida en un ser humano cobra tintes de grandeza y de misterio, pues en él se encierran los secretos de la existencia y permanece en él guardado el secreto de la divinidad, la fuerza que mantiene en orden y armonía al cosmos se esparce en esa célula diminuta que surge a partir de la fusión de un óvulo y un espermatozoide en el momento de la concepción.

Imagina nada más el portento que representa la concepción de un bebé, ya que en cada eyaculación fluyen de entre doce y quince mil millones de espermatozoides compitiendo por el privilegio de conquistar el milagro de nacer.

A esto tenemos que agregar la posibilidad de que la mujer se encuentre en periodo de ovulación, el cual sólo es factible durante veinticuatro horas cada mes. Pero, además, los espermatozoides tienen que enfrentar diversos obstáculos en su recorrido hasta el punto donde se ubica el óvulo, mismo que se encuentra rodeado por elementos gelatinosos difíciles de penetrar.

Algo increíble acontece cuando uno de los espermatozoides logra penetrar la superficie y fecunda al óvulo. En ese momento se manifiesta un cambio estructural de las substancias que lo rodean, haciendo imposible la penetración para el resto de los espermatozoides. Es como si la naturaleza entera participara para resguardar el milagro de la vida que se inicia con la fecundación, dando aviso de ¡que ha llegado un campeón, el portento de la vida; la gestación de un ser humano acaba de iniciarse! Ese milagro... ¡eres tú!

¿En dónde quedó toda esa fuerza, esa espontaneidad, la alegría que te impulsó a conquistar la meta más encumbrada: la del privilegio de nacer?

En este proceso de reencuentro contigo mismo, sería conveniente que pudieras ver la película titulada "Mira quien habla".

Y que observaras precisamente el segmento correspondiente a este proceso en el que a alguien, con un gran talento y genialidad, se le ocurrió ponerle voz a uno de los espermatozoides, y de una manera bellísima refleja el significado de esta aventura de la cual un día, en el ayer fuiste partícipe y la vida te coronó con la bandera de ¡campeón!.

Sé que es imposible que la recuerdes racionalmente, pues en aquel entonces no existían vías mielinizadas que permitieran poner en actividad la memoria consciente pero, emocionalmente, se encuentra guardada en lo más profundo de tu ser.

Déjame decirte que, independientemente de la problemática que actualmente enfrentes y de la obscuridad que prevalezca en tu interior, ningún problema es más difícil, ninguna obscuridad es más intensa que aquella que antecedió al momento de nacer. Esto te debe proporcionar una gran confianza y alegría, pues si en aquel momento fuiste capaz de conquistar tal victoria, y el miedo que genera la obscuridad no logró mermar tu intento, mucho menos ahora que ya comienzas a ser consciente de ti, del milagro que representas.

Y es aquí precisamente en donde la inconsciencia y la ignorancia que mantiene a la mayoría de los humanos de espaldas a la vida, genera el inicio del drama de nuestra existencia, pues esa pequeña célula en la que se encuentra grabado el código genético de la humanidad comienza a ser agredida con emociones negativas, como el temor y el rechazo.

Tú sabes que también es posible que ésta reciba amor y aceptación; no obstante, lamentablemente, éste no es el caso de la mayoría de los pobladores del planeta tierra; si esto fuera así no estaríamos enfrentando la realidad amarga que nos agobia día con día: neurosis, alcoholismo, drogadicción, violencia, abandono y desamor.

En cada ser humano existe una historia particular que afectó favorable o desfavorablemente este evento maravilloso que inicia, como te mencioné anteriormente: desde el instante de la fecundación hasta el momento del nacimiento.

A continuación vamos a establecer un "mapeo del alma", es decir, vamos a tratar de reconstruir las condiciones que prevalecían a lo largo de este evento. Es probable que la evocación de recursos añejos genere una creciente oleada de emociones. Te recuerdo que no es válido salir corriendo a reclamar o a demandar explicaciones y, mucho menos a exigir amor y aceptación.

A partir de que comenzaste a incursionar en los terrenos de la inconciencia, la única fuente de amor y cariño para tu niño interior eres tú mismo y, desde luego, el poder superior que te acompaña.

¿Estás preparado para iniciar? Bien, a continuación se ofrece una serie de preguntas que deberás ir respondiendo "atando cabitos". Te reitero que no es tan importante la respuesta en sí, como los recuerdos que vayas evocando y que comiencen a poblar tu mente. Tú ya tienes las herramientas pertinentes para iniciar este trabajo y permitir que el flujo de pensamientos siga su cauce normal sin afectarte. Si lo consideras conveniente puedes leer de nuevo los capítulos 2 y 3. Si el trabajo lo realizas en grupo o con apoyo de un terapeuta, comenta con ellos tus experiencias y, por favor, no reprimas ni disimules ninguna emoción.

Preguntas para formar un "mapeo del alma"

Es decir, trazar un camino que te permita incursionar en el país de las emociones y los recuerdos, en donde permanece atrapado tu niño interior.

Contesta con honestidad cada pregunta y, si te es posible, anota los recuerdos que pasen por tu mente; mientras mayor sea el número de evocaciones más fácil será detectar las posibles fracturas emocionales que afectaron tu desarrollo afectivo, por lo que, te suplico, no te limites a responder exclusivamente lo que se te cuestiona. Es más importante que permitas que los recuerdos y las imágenes fluyan libremente y que, de ser posible, agregues algunos datos, aun cuando éstos no hayan sido solicitados explícitamente.

1. ¿Cuántos años tenían tus padres cuando naciste?

    Padre _____   Madre _____

2. ¿Sabes si tus padres se casaron porque ella estaba embarazada?

    Sí_____   No _____

    ¿Eras tú el hijo que esperaban?

    Sí_____   No _____

3. ¿Recuerdas si naciste con algún problema de salud o con algún defecto físico? describe.

_____

_____

_____

4. ¿Sabes si fuiste adoptado?

a) ¿A qué edad? _____
b) ¿A qué edad lo supiste? _____
c) ¿Qué impacto causó en ti tal descubrimiento, lo recuerdas?

   describe _____

   _____

   _____

5. ¿Sabes si alguno de tus padres falleció durante alguna etapa de tu infancia?

Sí _____   No _____

a) ¿Te dijeron la verdad? _____
b) ¿Te lo ocultaron? _____
c) ¿Te mintieron? _____

   describe _____

   _____

   _____

6. Menciona si tus padres trabajaban o tenían algún problema de salud que les impidiera cuidarte.

_____

_____

_____

a) ¿Recuerdas si te dejaban al cuidado de alguien?

_____

b) ¿Era algún familiar o un desconocido?

_____

c) ¿Recuerdas cómo te trataba?

_____

7. ¿Sabes si existía en tus padres algún problema de adicción?
   Sí _____ No _____ Padre _____ Madre _____

   (   ) droga   (   ) tabaco   (   ) alcohol
   (   ) neurosis   (   ) trabajo   (   ) comida
   (   ) sufrimiento   (   ) chisme   (   ) otros,
   describe _____

   _____

8. Señala cómo era la situación económica cuando eras pequeño.

   a) Narra alguna experiencia relacionada con este aspecto.

   _____

   _____

   _____

9. ¿Sabes si en tu infancia prevalecía la agresividad y la violencia en tu núcleo familiar?

   Sí _____   No _____   explica _____

   _____

   _____

   _____

10. ¿Sabes si tus padres discutían frecuentemente?

    Sí _____   No _____
    a) eran reclamos y reproches
    b) había golpes
    c) ambos

11. ¿Eres hijo(a) de...

    a) madre soltera?   b) padres separados o divorciados?

12. ¿Sabes si tus padres estaban casados?

    a) ¿vivían juntos?   Sí _____   No _____

13. ¿Sabes si existía otra familia aparte de la tuya?

    Sí _____   No _____
    a) ¿A qué edad lo descubriste?
    b) ¿En qué forma?

    _____

    _____

    _____

14. ¿Tienes medios hermanos?

    Sí _____   No _____

    a) ¿de parte de quien?   padre _____   madre _____

15. ¿Tienes hermanos?

    Sí _____   No _____

    a) ¿Cuántos? _____
    b) ¿Qué lugar ocupas? _____
    c) ¿Algún hermano falleció antes o después de haber naci-
       do tú? _____
    d) ¿Eres hijo único? _____

e) ¿Eres el único varón entre varias mujeres? _____
f) ¿Eres la única mujer entre varios hombres? _____

16. ¿Sientes que tus padres aceptaron tu sexo?

Sí _____   No _____

a) Explica ¿por qué? _____

_____

_____

17. ¿Te has sentido querido y aceptado? Por...

a) Padre _____
b) Madre _____
c) Ambos _____
d) Alguna otra persona (especifica) _____
e) Nadie _____

A través de este segmento de "mapeo del alma" ya es posible establecer las condiciones generales que prevalecían desde el momento en que tuviste la fortuna de conquistar la presea de la existencia, desde el momento de la fecundación hasta tu aparición en el escenario de la vida. Con ello cuentas ya con elementos invaluables con los que es factible detectar las posibles fracturas que lesionaron tu alma de niño.

Con este conocimiento, a partir de ahora y para siempre tienes las herramientas para brindarle todo el amor, la aceptación y la certeza de ser importante, único e irrepetible en el Plan Supremo del Creador y así sanar el dolor de tu niño interior.

Todo esto te conduce a esa parte de ti que se quedó condensada en un remolino de emociones inconscientes y que llora en silencio en tu interior, pero que a partir de hoy será posible identificar con tu "yo bebé".

Recuerda el compromiso establecido contigo mismo para adentrarte en esta aventura indescriptible: tú eres el único responsable de administrar a esa criatura única y especial, todo el amor que en aquel entonces pudiera haberle faltado.

Por favor, no te atemorices; sé que a veces intimida la sola idea de ser responsables frente a algo o alguien, más aún contigo mismo, pues eres la única persona a la que no es posible engañar.

No olvides que en este proceso mágico y misterioso te acompaña la luz, la ternura y comprensión de alguien infinitamente grande a quien tú mismo elegiste e invitaste para ser tu compañero permanente. Y es válido pedirle a él en cualquier momento que sientas que el dolor te invade y te invita a desistir, que venga a ti, no sólo para que abrace a tu niño interior, sino a ti mismo, ¿ya te sientes más tranquilo y confortado?

Qué gusto saber que momento a momento te va resultando más fácil relacionarte con tu poder superior y acudir a él como primera instancia frente a cualquier conflicto, duda o temor, en vez de utilizar el camino aparentemente fácil que durante toda tu existencia te ha mantenido de espaldas a la vida: el de evadir o culpar a los demás de tus fracasos y sufrimientos y el de esperar que los demás cambien para sentirte feliz, pleno y realizado.

Ahora vamos a analizar cada una de las preguntas que integran "el mapeo del alma" de la primera etapa de tu desarrollo infantil para tratar de establecer la posible implicación emocional y las fracturas adquiridas en este periodo determinante de tu existencia.

Análisis del "mapeo del alma"

Para continuar aventurándonos en el sendero que conduce hacia el encuentro con tu niño interno, vamos ahora a descifrar los puntos de alto riesgo o de posible fractura emocional que aporta el "mapeo del alma" en esta etapa temprana y determinante de tu infancia para que, conociendo las necesidades emocionales que tu "yo bebé", no tuvo en aquel ayer, puedas agregar a tu equipaje los tesoros que él anhela para que, de esta manera, el encuentro con él sea venturoso, feliz y logres sanar esta etapa vital de tu ayer.

¿Estás preparado con corazón y mente abierta? ¡Vamos, pues! Toda la información que logres obtener mediante cada pregunta del cuestionario anterior te permitirá "dibujar" un mapa de los puntos de alto riesgo en donde existen posibles fracturas emocionales. Conocerlas te permitirá no sólo comprender las causas que, en gran medida, han determinado el comportamiento inmaduro e infantil que muestras en reiteradas ocasiones a pesar de tus genuinos propósitos de cambio, sino también establecer mecanismos de acción inmediata que te permitan establecer contacto emocional con tu niño interior antes de encontrarte frente a él y lograr rescatarlo de una vez y para siempre de la zona de la obscuridad y permitirle incursionar en la superficie de la conciencia desde donde le sea posible observar el universo y jugar de nuevo con las estrellas.

Pon mucha atención al siguiente análisis. Observa detenidamente tus emociones, no trates de reprimir, ni evadir, ni mucho menos distorsionar (alterar o interpretar erróneamente) las emociones que afloren a tu conciencia, pues recuerda que sólo lo que se conoce es posible primeramente amar y posteriormente transformar:

1. La edad, aun cuando no es determinante, sí constituye un factor predisponente para enfrentar la responsabilidad de la llegada de un bebé. Es posible que en padres muy jóvenes, e incluso adolescentes, además de haber existido un gran temor ante el hecho de enfrentar un embarazo, haya existido rechazo inconsciente antes de aceptar la tremenda responsabilidad de ser padre o madre.

En el caso de padres mayores es probable que tu llegada la hayan aceptado "por que lo manda dios", con un dejo más de resignación que de júbilo y entusiasmo por tu nacimiento, sin dejar de considerar la posibilidad de que hayan tenido que experimentar temor y angustia, producto de la incertidumbre, de poder enfrentar la gran responsabilidad de tu inminente llegada, por la edad, o tal vez por el cansancio o, incluso, por el temor que genera el riesgo materno en una madre añosa, abriendo por ello una herida emocional en tu "yo bebé", por no sentirse importante y además, se pudo haber instalado en tu alma de niño el temor y la angustia inexplicables.

Cualquiera que sea tu caso, acepta el dolor del posible rechazo y la sensación de no sentirte importante, que distorsionaron tu propia aceptación y te programaron para albergar inseguridad en tu etapa adulta.

Permite que las lágrimas asomen a tu rostro para que, como un caudal cristalino que emerge desde el corazón, se transforme en un bálsamo para el alma y te ayude a sanar esa fractura original.

Una vez que esto haya sucedido, trata de visualizar los niños internos de tus padres para amortiguar la ira y el reclamo por el posible rechazo y la devaluación de tu importancia e individualidad.

Aplica la fórmula mágica de separar a las personas de las actitudes, y mentalmente bendícelos a ellos en donde quiera que se encuentren y dirige la furia que provoca tal agresión contra la actitud o la posibilidad de haber ignorado el milagro que se gestaba en el vientre de tu madre y que eras tú mismo; también perdonarles por haber fracturado tu alma desde el momento primero en que te manifestaste como el potencial de un milagro.

Y así, en silencio, en comunión con tu niño pequeño (aun cuando todavía no logres visualizarlo, ni forme parte consciente de ti), envíale un mensaje de aceptación como el que a continuación te propongo:

"Pequeñito mío, sé que probablemente llevas cargando la herida de la no aceptación, del rechazo, pero quiero que sepas que yo te acepto tal como eres y que a partir del momento en que supe que formas parte de mí y que vives en mi interior, no existe nada más importante para mí que tú".

2. En el caso de que tus padres "hayan tenido que casarse" por motivo de embarazo, además del temor y la angustia

que se tiene que enfrentar ante tal situación, muy frecuentemente se instala en ambos o, por lo menos en alguno de ellos,
la sensación de frustración que frecuentemente se reclama a
lo largo del matrimonio y, desde luego, para el hijo que provo-
có el aceleramiento de la boda, en muchas ocasiones existe cierto
rechazo y una carga inconsciente de culpa, pues se le achaca al
bebé la causa de los fracasos y frustraciones.

No olvides que en todo adulto vive un niño interno que se
manifiesta cuando hay tormentas emocionales, y a través de su
presencia invisible se culpa al bebé que está por nacer de situaciones tan absurdas como: malograr una carrera, no haberse
casado con fulano o zutana, no ser millonario o presidente de
la República, no convertirse en artista de cine, no realizar los
sueños más preciados, etc. etc., ignorando que para lograr cualquier propósito basta la voluntad y tomarse de la mano de Dios
para lograrlo, con disciplina, entusiasmo y amor, independientemente de las circunstancias.

Lo impostante es que de esta manera el "yo bebé", que se
encuentra realizando uno de los más grandes prodigios de la
naturaleza desde su gestación, comienza a ser blanco de rechazo, culpa, nulificación de su importancia y, por supuesto, de
desamor.

Este tipo de heridas acometidas desde etapas tan tempranas producen en el adulto autodevaluación, la sensación interna de no ser merecedor de algo bueno o grandioso, además
de temor e inseguridad inconscientes y un deseo irrefrenable de
complacer a media humanidad con el único propósito de obtener una migajita de amor y aceptación.

Es importante mencionar que, afortunadamente, en la actualidad a pesar de enfrentar tanta violencia innecesaria y situaciones desafortunadas que nos avergüenzan, también existen en algunos casos grandes avances como el de tener mayor
respeto por la vida, por lo que hay cada vez menos señoras
"cuenta meses" que incitan al rechazo y la vergüenza de la
madre embarazada antes del matrimonio o fuera de él. Con
esto se logra una mejor condición para no afectar con el golpe

brutal del rechazo al bebé que viene en camino como promesa renovada de Dios.

No obstante, si tú sospechas que éste no fue tu caso y que sufriste la herida que produce el rechazo y el desamor, realiza también el proceso de aceptación de emociones separando, como siempre, a las personas de las actitudes, y abrazándote tú mismo con toda la ternura y el amor que hubieras querido recibir en aquel entonces dile a tu "yo bebé", en silencio o a gritos si es necesario y si las circunstancias lo permiten:

"Te amo, pequeñito mío, y te acepto desde hoy para siempre como la parte más importante de mí; paso a pasito me preparo para darte la bienvenida más cordial y maravillosa con la que ni siquiera hubieras podido soñar".

Observa detenidamente cómo la paz y la serenidad se instalan en tu interior, y continúa adelante.

3. Es posible que hayas recordado que al nacer tuviste un problema de salud o algún defecto físico, lo cual es probable que haya generado un gran temor y angustia en tus padres, provocando una manifestación de rechazo inconsciente —no olvides que la mente subconsciente no razona ni usa la lógica, sólo expresa el impacto de la emoción— que es precisamente la que afecta al bebé en cualquier etapa de su existencia, tanto intra como extrauterina, es decir, tanto dentro del vientre materno como fuera de él.

Además, en muchas ocasiones también esto provoca culpa y frustración en los padres, así como el absurdo pensamiento de que tal acontecimiento es el pago por delitos anteriores (el niño interior lacerado de ambos los hace parecer culpables y propicios para el castigo y el sufrimiento), por lo que no es poco frecuente que con esta situación se inicie una oleada de recriminaciones entre la pareja, que aquejan al bebé no sólo con la sensación de rechazo y desamor, sino, además, con culpa inconsciente y falta de auto aceptación, que programa al adulto del mañana para experimentar baja autoestima, temor e inseguridad inconscientes que le hacen parecer "preocupón" y perfeccionista, demasiado exigente consigo mismo tratando de compensar "su terrible defecto" y con ello lograr conseguir aunque sea un poco de aceptación y respeto: o bien, con la tendencia a realizar todo mal e imperfecto experimentando una permanente sensación interior de derrota y de no ser merecedor de algo bueno, provocando de manera inconsciente situaciones que le recuerden el dolor del rechazo original.

Es factible también que una herida de esta índole produzca en el niño interior un intenso coraje que, con el paso del tiempo, impulsa al adulto a la violencia inexplicable o a manifestar brotes de ira intempestivos cuando experimenta alguna situación que el niño interno pueda interpretar como rechazo o incriminación imaginaria o real, como en aquel momento en que sufrió la herida producida por el rechazo, la culpa, el sentimiento de no saberse aceptado, importante y especial.

En este punto, como en cualquiera que descubras la posibilidad de una fractura o herida emocional, realiza el proceso ya conocido para enfrentar el torbellino de emociones que genera el contacto con el sufrimiento original, tal como se sugiere en la propuesta número uno de tu "mapeo del alma" (pág. 76), y si es tu deseo abrázate de nuevo con ternura infinita como si ya tuvieras en tus brazos a ese bebé maravilloso cuya presencia en tu interior te ha impulsado a aventurarte en este viaje fantástico que te ha permitido incursionar en el valle de la obscuridad y los recuerdos inconscientes. Y así con él cerca, muy cerquita de tu corazón, repite en silencio, como si oraras, la siguiente reflexión:

"Bebito mío, pedacito de mí, quiero decirte que te amo y te acepto como eres, que es tu derecho divino manifestar la salud perfecta, pues eres una expresión del plan de Dios". Si tienes algún defecto físico o alguna enfermedad limitante o invalidante, como parálisis cerebral, agrega:

"Para mí no existe defecto o limitación alguna, pues al ser una parte de mi propia esencia, me es permitido traspasar el umbral del terreno exclusivamente material y físico. Al asomarme a los planos más profundos que te conforman puedo percibir en tu alma y en tu espíritu la nobleza, la perfección y la belleza del creador".

Es válido e incluso conveniente que si eres el progenitor de un hijo afectado por esas circunstancias y la culpa te recrimina despiadadamente por la infracción del rechazo que frecuentemente le has proferido, en estos momentos en que comienzas a cobrar conciencia te suplico que seas generoso contigo mismo, de igual forma como estás aprendiendo a serlo con quienes en la inconsciencia laceraron tu alma de niño, pues es promesa divina: "el que perdona es perdonado".

Enseguida pídele a tu poder superior que lleve este mensaje derechito al corazón de quien tanto amas y repite en silencio, como una oración, la reflexión anterior y visualiza en tu imaginación como él o ella reciben el mensaje de amor. Observa la sonrisa en su rostro y la paz en su corazón.

También es válido, si te es posible hacerlo, que coloques la cabeza del afectado en tu regazo (si eres su madre, cerca del vientre), y al tiempo que acaricias su cabello repitas la reflexión en voz alta.

Otra opción también enriquecedora y transformadora consiste en repetir la misma reflexión cerca del oído cuando él o ella duerme.

Recuerda en cada ocasión invitar inicialmente a tu poder superior, como tú puedas concebirlo, para que sea El mismo quien actúe como portador de este envío de amor. Observa cómo cada vez que tú realizas estas sugerencias, algo interior se va transformando, tanto en la persona inicialmente afectada como en ti mismo.

Si a lo largo de esta evaluación detectas las heridas potenciales que tú mismo has infringido a quien más amas, elige la o las reflexiones que consideres que pudieran constituir un alivio para el alma de ese ser que —lo sabes ahora— en realidad nunca quisiste afectar, pero que por inconsciencia te encontrabas imposibilitado para brindarle una oferta mejor.

Por favor, no olvides que nadie puede brindar lo que no tiene, y realiza alguna de las sugerencias proporcionadas anteriormente. Además de conseguir no sólo consuelo interno, sino limpiar el alma de la lápida de la culpa, podrás ir abriendo el camino para que el afectado, si es mayor de edad, inicie su propio camino de recuperación a través del rescate de su niño interior.

Si tu hijo es menor de edad, cambia de actitudes, te aseguro que conforme avances en el propósito de rescate de tu niño interior, te resultará cada vez más fácil cumplir con tu propósito, pide perdón y, si es posible, ofrécele una explicación por tus conductas antiguas.

Cuida de no continuar lacerando el alma de ese ser que forma parte de tu misma esencia y realiza el procedimiento sugerido anteriormente.

4, 5, 6. Estas áreas comparten un tipo de fractura emocional común que es la sensación interna de abandono en los casos de adopción. Si sólo es imaginaria y no has logrado confirmarla, te suplico que no continúes lacerando tu espíritu; mejor trata de buscar la o las posibles causas que te impulsan a sentir esa sensación interna de rechazo, de no ser amado, y, sobre todo, avócate a sanar cada herida con los recursos que a lo largo de este viaje fantástico se te vayan proporcionando.

Si el hecho de la adoptción es auténtico y tienes la certeza de que éste es tu caso, primeramente trata de entender el tipo de fractura emocional que se instaló en lo más profundo de tu ser, para enseguida avocarte a sanarla y así restablecer la armonía interior, la fe y la confianza hacia los demás, hacia ti mismo, hacia la vida y hacia Dios.

El hecho de una adopción implica aceptar, aunque duela profundamente, el hecho de un rechazo brutal que pudo haber sido provocado por mil causas diferentes; desde simple egoísmo, el temor de enfrentar una responsabilidad, una enfermedad, carencias económicas, presiones familiares, pero, sobre todo, nunca olvides que todo ser humano que daña a alguien lleva en su interior un niño herido atrapado en un cuerpo de adulto, que en alguna etapa de su infancia experimentó una fractura similar, por lo que se ve impedido para brindar lo que jamás recibió, pues es muy probable que la madre haya experimentado, a lo largo del periodo de gestación y el alumbramiento, miedo intenso que sin duda afecta al bebé en esta etapa de desarrollo, haciéndole temeroso e inseguro a lo largo de la existencia, mientras no cobre conciencia del sufrimiento original y logre sanar la herida como tú lo estás haciendo en este momento.

En el caso de que el padre haya abandonado a la madre y esto haya precipitado la decisión de la madre para dar al niño en adopción, el bebé lo interpreta como rechazo y sensación permanente de temor a ser abandonado. De pequeño llora cuando está solo y demanda la presencia de alguien cerca de él.

Esta fractura contamina al adulto haciéndolo sentir, de igual manera, temeroso e inseguro, almacenando constantemente el temor a ser abandonado e impulsándolo a establecer relaciones dependientes destructivas en las que se aceptan roles de humillación e, incluso, ofensas y golpes con tal de "garantizar" la cercanía de alguien, aun cuando emocionalmente continúe la sensación interna de falta de amor y aceptación.

También es probable que se mantengan relaciones dependientes con los hijos, convirtiéndose en padres sobreprotectores que, de manera inconsciente, forman hijos emocionalmente inválidos, que permanentemente requieren de su apoyo y cercanía, aun cuando la relación se mantenga siempre tensa y hasta violenta y ambivalente, pues la persona que es sometida de esta manera se muestra rebelde y agresiva, manifestando frecuentemente conductas contradictorias de "odio/amor"

La muerte de uno o ambos progenitores, no sólo en esta etapa de la infancia, sino a lo largo de la misma, generalmente también es interpretada por el infante como abandono.

En este punto, es importante establecer que como adultos somos capaces de entender —por lo menos en su implicación material— lo que es la muerte, no obstante, un niño no cuenta con esta capacidad, por lo que éste sólo demanda la cercanía, la atención y el cariño de los padres, en forma especial de la madre, principalmente en sus primeros años. De tal manera, con frecuencia la muerte de los padres es interpretada por el niño como abandono, por lo que no es remoto que en algún momento de su existencia, ya como adulto, en los momentos de intenso dolor, de incertidumbre o incluso, de gran alegría, en un diálogo interior, a veces con llanto silencioso, se encuentre reclamando la ausencia con frases como ¿por qué te fuiste?, ¿por qué me abandonaste?, y al percatarse de lo aparentemente absurdo del reclamo, se vuelva contra sí sintiéndose ridículo, fuera de lugar y, de nuevo, culpable, avergonzado por sentir como siente.

En el caso de que los progenitores tuvieran algún problema de salud o de trabajo que les impidiera cuidarte, la fractura que se instala en el alma implica también una sensación continua de soledad y abandono.

La fractura de abandono, en cualquiera de sus modalidades (causas diversas), contamina al adulto y lo lleva a:

a) Establecer relaciones dependientes destructivas, bien:
   Posesivas: manipulando, chantajeando para no ser abandonado.
   Pasivas: soportando cualquier situación, aun cuando sea humillante y degradante.
   Sobreprotectoras: tratando de ser indispensable y complaciente para los demás.
b) Repetir la herida con quien más decimos amar:
   Abandono físico: por separación, divorcio, trabajo, enfermedad.
   Abandono emocional: permanecer físicamente cerca pero incapacitado para brindar apoyo o nutrición emocional.

Cualquiera que sea el caso por el que en algunas ocasiones hayas experimentado temor a ser abandonado, soledad, tristeza inexplicable o te resulte de gran dificultad manifestar tus emociones, sobre todo las que expresan amor y aceptación, tanto con palabras como con caricias, abrazos y cercanía física, sería conveniente que se diera por hecho la posibilidad de la existencia de una fractura de tal magnitud y te prepararas para sanarla. No te preocupes si éste no es tu caso, un bálsamo de amor y aceptación siempre resulta benéfico para el alma, así que una vez más abrázate tú mismo con toda la ternura que seas capaz de experimentar y repítele a tu niño interior ya sea en silencio, como una oración, o en voz alta, como una canción de amor, la siguiente reflexión:

"Pequeñito mío, quiero que sepas que a partir de este momento y por siempre ya nunca más estarás sólo, pues a partir de que supe que vivías dentro de mí, tú formas la parte más importante de mi conciencia y de mi corazón. Puedes permanecer tranquilo, sereno, pues yo nunca te voy a abandonar. Vamos a permanecer juntos hasta el último día de nuestra existencia material e, incluso, más allá, en donde envueltos en la esencia misma de la divinidad, nos convirtamos en uno solo, tú en mí y yo en ti y ambos uno solo con Dios; ya no estarás solo mi niño pequeño, mi niño interior."

"A partir de ahora ya no tendrás que angustiarte por presionar o manipular a los demás para no ser abandonado, y nunca más, nunca, nunca más tendrás que soportar situaciones que te dañen o humillen por tener a alguien cerca, aunque ese alguien te lastime y te destruya. Nunca, nunca más sentirás el impulso de abandonar lo que más amas, ni física ni emocionalmente, porque al sentir mi cercanía y la presencia de Dios, ya no tendrás que fotocopiar el pasado que te ha obligado a experimentar de manera inconsciente el dolor intenso del abandono y del rechazo de aquel ayer. Duerme tranquilo, mi amor, que siempre en donde estés tú, estaré yo y, junto a nosotros, siempre, siempre, Dios."

7. La posibilidad de que alguno o ambos progenitores padecieran algún tipo de adicción nos habla de que ellos mismos pudieron haber sufrido severas heridas emocionales durante su niñez, entre las cuales se encuentra la posibilidad de haber aprendido a reprimir y a distorsionar las emociones, además de haber sido cargados con intensos sentimientos de culpa que les ha hecho percibirse a sí mismos como inadecuados e ineptos, con la permanente sensación interna de no ser amados ni

aceptados, por lo que desvían el caudal de emociones inevitables hacia cualquier adicción que les permita, por lo menos momentáneamente, "sentir"; además, según el tipo de adicción, como el trabajo, les permite compensar la inseguridad y la minusvalía en una sensación de parecer importantes.

La adicción a la comida generalmente se interpreta de manera inconsciente como una sensación de protección, seguridad y confianza, pues, "nunca falla" y, de una manera u otra, siempre se encuentra a la mano. Además, en muchos casos, la persona adicta a la comida interpreta ésta como una caricia, es decir, una compensación del desamor experimentado en algún momento de la infancia. Desde luego, éstas no son las únicas razones y, de hecho, cada caso es individual, único e irrepetible, por lo que cada persona debe detectar sus propias fracturas.

No obstante, estas características nos proporcionan un perfil de las posibles heridas que mantienen los hijos de adictos, pues ya sabemos que se tiende a repetir con los hijos aquello que nos lastimó y fracturó el alma en etapas tempranas.

Es muy viable que la fractura emocional más relevante en estos casos sea la sensación de no sentirse amado ni importante, generando en el adulto una gran inseguridad compensada, bien con la adicción al dolor y al sufrimiento o bien con la necesidad obsesiva de parecer siempre "el mejor", "el superestrella", "el que no puede fallar", el perfeccionista o la niña buena y obediente que siempre acepta lo que sea por sentirse "amada" e importante, aunque sea sólo por andar rescatando o solucionando la vida de todo mundo, aun cuando la propia se encuentre hecha un caos.

En este punto, quisiera comentar una de las experiencias adquiridas a lo largo de mi participación desde hace años con los grupos de autoayuda, especialmente con los alcohólicos anónimos, mismos que me han permitido observar de cerca las alteraciones que su adicción deja como secuela en los hijos de alcohólico, y corrobora lo mencionado anteriormente.

Alguna vez escuché de un alcohólico anónimo decir en tribuna: "durante mi actividad alcohólica jamás cargué a un hijo con tanto amor como cargaba la botella". Esta frase impactante refleja en gran medida la muestra del desamor y egoísmo que caracteriza a una persona adicta —por favor, no olvides que nadie, absolutamente nadie, puede entregar lo que no ha recibido.

Cualquier tipo de adicción habla de una enfermedad emocional con diversas manifestaciones materiales, entre las que se encuentra de manera relevante la ausencia de amor a sí mismos y, por supuesto, también a los demás.

En los familiares de alcohólicos, especialmente en los hijos, también es frecuente observar la tendencia a "no sentir" (reprimir la emoción), a "no hablar" (como si existiera un pacto secreto en la familia en la que se encuentra prohibido hablar de la problemática familiar, por lo que se niega o evade la misma) y a sentirse culpable continuamente y a no ser merecedor de algo bueno. Incluso inconscientemente se sienten preparados para todo lo malo, aunque se deteste y se clame desde lo más profundo del ser, el deseo de ya no continuar sufriendo y repitiendo dolor y situaciones caóticas.

La herida emocional más frecuente que recibe un bebé de padres adictos, tanto durante su estancia intrauterina como durante el alumbramiento e incluso después, es la sensación interna de poca importancia y la pérdida de la confianza, pues no es frecuente que una persona adicta se encuentre en posibilidades emocionales de brindar afecto, ni siquiera a sí mismo, por lo que resulta factible que las necesidades primarias del bebé, que generalmente se manifiestan con llanto, no hayan sido cubiertas de la mejor manera, por lo que no es poco común que el bebé se torne temeroso, desconfiado e irritable.

En el caso concreto de que fuera la madre quien padeciera de algún tipo de adicción haría suponer que especialmente durante la etapa de gestación experimentó tormentas emocionales y conflictos internos que difícilmente hubiera podido reconocer, enfrentar y canalizar, por lo que resulta viable suponer que el bebé en estas condiciones fue blanco constante de emociones adversas y conflictivas que afectaron el desarrollo emocional, haciéndolo percibir desde aquel entonces la sensación interior de vacío, soledad e inseguridad.

Cualquiera que haya sido el caso, para sanar la herida provocada por las circunstancias de adicción de los padres, puedes abrazarte tú mismo como lo has venido realizando en los ejercicios propuestos anteriormente. También es válido abrazar una fotografía tuya de cuando eras bebé o un muñeco de peluche que te inspire ternura, imaginando que eres tú mismo en aquel ayer distante, y así con la sensación única que produce tener abrazado a alguien tan especial, tan pequeño y frágil, además de distante, y a la vez tan cercano a tí, repite, bien en silencio o en voz alta si te es posible:

"Bebito mío, o bebita, de mi corazón, aquí voy en tu búsqueda; todavía existe un trecho importante para lograr ese encuentro tan anhelado, pero ya te siento, te adivino y sé que me escuchas, por eso quiero decirte con todo el amor que surge desde lo más profundo de mi ser, por el sólo hecho de imaginarte tan cerquita de mí, que eres lo más importante, que todo lo que sientes, incluso tu tristeza, tu llanto y temor, tiene una razón antigua para existir, pero hoy, que como magia, como milagro, podemos sentir nuestra cercanía, nuestra coincidencia, quiero que sepas que estoy aprendiendo a escucharte, a estar pendiente de tus necesidades, que tu llanto cobra un nuevo sentido para mí y que a partir de ahora en vez de obligarme a parecer fuerte e invencible ante los demás, cuando escuche tu llanto voy a abrazarte como lo hago en este momento; y no sólo voy a permitir que llores, que expreses tu fragilidad, sino que voy a entender tus necesidades inmediatas y las voy a cubrir con infinita dicha y amor.

"Además, te voy a decir a cada momento cuán importante eres para mí, para la vida y para Dios, hasta que los fantasmas de la soledad, el temor y la desconfianza se alejen para siempre de ti y como magia también dejen de ser parte de mí."

"Sé que al proporcionarte este 'suero para el alma', tu llanto se va a convertir en risa, en tranquilidad y yo voy a sentir la paz necesaria y la conciencia plena para dejar cualquier tipo de adicción, pues al escucharte aprendo a escuchar mis propias emociones a tener contacto con mis necesidades auténticas, y sé que con ello ya no tendré la necesidad imperiosa e inconsciente de desviar mis emociones hacia adicciones y sufrimiento innecesarios. Habla, mi amor, que ya no me da temor escucharte; llora si deseas hacerlo, pues desde hoy y para siempre escucho con atención tu llanto".

8. La situación económica en una etapa tan temprana no posee por sí misma la cualidad de afectar directamente el alma del bebé, pero sí añade, en el caso de ser estable o boyante, un factor de estabilidad que resulta conveniente para el desarrollo del bebé. Aunque cabe mencionar que la verdadera e importante nutrición emocional en cualquier etapa del desarrollo infantil mantiene una connotación espiritual más que material, pero no deja de ser este último un agente de equilibrio o inestabilidad.

En el caso posible de que desde entonces la situación económica haya generado carencias y limitaciones, es probable que el bebé haya sido receptáculo de temor, angustia e inseguridad que se fue instalando en el alma del niño como una sensación de carencia, de pobreza inconsciente, que lo ha programado desde este nivel de obscuridad y a lo largo de toda su existencia, incluso ya como adulto, a vivir de espaldas a la vida acompañado por una estela de miseria y fracaso inexplicables.

Si este es tu caso, es conveniente realizar alguna de las sugerencias anteriores para identificar y enfrentar las emociones que emerjan desde la obscuridad de la inconsciencia. Abrazándote a ti mismo repite:

"Bebito mío, pedacito de mí, quiero recordarte que tú eres la criatura más amada de Dios, que formas parte de un proyecto divino, al cual lo caracteriza el orden, la belleza y la armonía. El universo del que formas parte está lleno de riqueza infinita, abundancia y generosidad a raudales."

"En ti mismo, mi chiquito, se encuentra grabada genéticamente la clave para generar abundancia a partir de tus sueños, tus anhelos y tus pensamientos, pues la fuente generadora de vida, amor y riqueza late y palpita en tu corazón, aleja de ti para siempre, mi niño, la sensación de carencia y no aceptes más la sensación de miseria y de pobreza que te ha acompañado durante toda la existencia; que en tu corazón y en tu mente siempre prevalezca el recuerdo de la riqueza infinita que caracteriza al universo que te regala el Creador como hogar. "

"Cuando dudes, mi niño, no olvides voltear a las estrellas para que su brillo y su belleza te recuerden que los astros te pertenecen y que el manto estrellado no es sino sólo el techo de tu hogar y que en tu esencia está grabado el potencial de la vida y la fuente misma de la eternidad, que es la presencia constante de Dios en tu corazón".

"No olvides, mi niño, que para ti es posible realizar cada sueño, por encumbrado y difícil que parezca. Tú puedes generar riqueza y abundancia porque éste es un don entre tantos otros que desde el principio del tiempo te otorgó el creador. Recobra, mi niño, la confianza en ti mismo, en la vida, en los demás y en Dios".

9, 10. La fractura emocional que marca el alma de un niño dentro de un ambiente familiar disfuncional y violento es de ira reprimida que puede convertir al adulto del mañana en agresivo y golpeador, o bien, en sobreprotector y sumiso, que estará cargando constantemente la sensación inexplicable de temor y angustia y la tendencia a discutir sin motivo o razón, o bien, a callar y disimular las propias necesidades y emociones, por el temor de provocar disgustos, gritos o golpes.

No obstante, continuamente afloran explosiones inexplicables de gritos o golpes, insultos y amenazas, para luego experimentar una sensación interna de culpa y minusvalía que recuerda de manera inconsciente los momentos en los cuales se experimentó la agresión brutal de la violencia, bien como simple testigo o bien como blanco directo de agresiones.

Si el patrón de agresividad y violencia se expande a lo largo del desarrollo infantil, las repercusiones emocionales se agravan, pues se encuentran grabadas a cincel en el alma, por lo que las manifestaciones abruptas e inexplicables de violencia bien podrían descargarse contra ti mismo (si te observas detenidamente en estos momentos, probablemente de pronto te has encontrado gritando, insultándote o jalándote los cabellos, o dándote de puñetazos o cachetadas en el rostro, como lo hacían contigo en aquellos momentos) o bien contra tus propios hijos o atacando a quien más dices amar, a pesar que un día hayas jurado con todo el corazón que con ellos ibas a ser diferente, que ellos no iban a conocer esta faceta obscura que marcó tu existencia tan dolorosamente; y entonces experimentas la sensación de fracaso y minusvalía, agregada a la de la culpa y tristeza inexplicables.

Ahora que comienzas a entender, te ruego seas generoso contigo mismo al concederte el perdón por estas actitudes aparentemente absurdas e inexplicables que tantas veces te hicieron sentir avergonzado e incompetente.

Ahora comprendes que la magnitud del daño causado en aquel entonces en tu alma infantil grabó en la parte subconsciente de tu mente, en la parte de obscuridad, un patrón de conducta que con el tiempo ha tendido a multiplicarse y a expandirse tal cual es la dinámica de la mente en este nivel (capítulo 1), haciendo aparecer brotes incontenibles de ira y agresividad con la fuerza de un huracán cuando has tenido que enfrentar situaciones que exigen de ti una actitud madura y ecuánime. No obstante, la ira reprimida, el miedo y la angustia de tu niño interior se manifiesta una y otra vez desde las profundidades de la inconsciencia en situaciones similares a las de aquel ayer distante e incomprensible para ti.

Tal vez en este momento asome alguna lágrima a tus ojos o te encuentres experimentando un flujo de energías contradictorias que recorren tu espina dorsal; es probable que tu mente se encuentre poblada de recuerdos en los que te observas a ti mismo enfrentando situaciones que dejaron estelas de daño y dolor, no sólo en las personas cercanas a ti, por quienes te hubiera resultado fácil incluso ofrendar hasta la última gota de tu sangre, sino también en extraños y en ti mismo. Parece que tus propios recuerdos te acusan una y otra vez por haber causado justamente lo contrario a lo que tú realmente deseabas y necesitabas brindar.

Por primera vez permite que aflore el llanto; es tu niño interior quien llora; es la emoción congelada durante toda una eternidad la que experimentas; es la culpa y la vergüenza de tu niño interior la que te impregna; es en realidad tu oportunidad de romper otro eslabón de la cadena de dolor y amargura que durante toda tu existencia te ha mantenido atado a la inconsciencia, a la obscuridad y a las tinieblas, haciéndote sentir dividido, saboreando la felicidad a cuenta gotas con el sentimiento interno de temor e inseguridad por no sentirte merecedor de algo bueno o porque aprendiste que la felicidad se tenía que pagar cara pues nunca formó parte de tu entorno natural.

Este es el momento ¡abraza a tu niño interior! Abrazándote a ti mismo, imagina que tienes en tus brazos a ese pequeñito que no entendía el porqué de tanta violencia y agresividad, el porqué de tantos gritos, ofensas y maldiciones; que no entendía el porqué de su llanto —que era lo único que podía expresar en aquellos momentos— causaba tanta molestia, tanta ira y coraje. Y dile con todo tu corazón, no importa si es en silencio o en voz alta, lo importante es que expreses lo que sientes, que tu niño interior sienta tu contacto:

"Pequeñito mío, llora todo lo que desees llorar, eres libre para expresar tu dolor, tu ira y temor; yo te escucho con todo mi corazón y atención y quiero decirte que está bien sentir lo que sientes; no tienes por qué sentirte culpable ni avergonzado, pues tú no eres culpable de haber recibido el impacto de la violencia inconsciente cuando necesitabas recibir sólo amor y aceptación."

"Pero, mira, chiquito mío, pedacito de mí, ahora aquí estamos juntos los dos, y al permitir que expreses tu emoción, el llanto baña mi rostro, algo se acomoda en el alma y, por fin, ¡por fin descansa mi corazón!"

"Quiero que sepas que nunca, nunca más, serás testigo de violencia y, mucho menos, blanco de conflictos y agresiones. Nunca jamás serás escudo o bandera para justificar batallas y ataques."

"Descansa, mi amor, puedes permanecer tranquilo, pues desde este momento y por siempre estaré junto a ti para abrazarte como ahora, para escuchar tus temores y angustias, para reconocer tu fragilidad y protegerte, mi niño, mi amor, y mira, chiquito, por si todo esto fuera poco, aquí junto a nosotros se encuentra la luz y la presencia de El, nuestro creador".

"Ya puedes dormir tranquilo, y yo, al escucharte y sentirte, puedo actuar como adulto; ahora sé que al estar tú tranquilo, sereno, pleno de paz, las emociones violentas que han nublado mi conciencia y mi corazón tan reiteradamente ya no tienen razón de existir. Qué curioso, mi pequeño, hoy que acepto tu fragilidad y tus emociones tales como son, siento fortaleza y paz interior."

Siempre que comiences a experimentar esas sensaciones encontradas y tan conocidas, antes de enfrentarte a una batalla estéril y destructiva, procura un minuto contigo mismo para abrazar a tu niño interior, como lo has hecho ahora, y cuando sientas paz en tu interior verás cómo resulta más fácil enfrentar cualquier situación. Te sorprenderá observar que ya no tienes necesidad de vociferar, gritar, golpear o amenazar. Te resultará fácil, incluso, escuchar y razonar, porque has aprendido algo que parecía casi imposible: escucharte a ti mismo, comprender y aceptar tu emoción.

El paso que acabas de dar te ha permitido enfrentar y vencer a uno de los monstruos más temidos de la inconsciencia: el miedo inexplicable y la culpa sin razón. Disfruta el sabor de la victoria un momento, disfruta las sensaciones que percibes en ti y prepárate para continuar aventurándote en el bosque obscuro de la inconsciencia, en el que, paso a paso, contacto a contacto con tu niño interior, se va aclarando la senda que te conduce a ese encuentro tan anhelado en el que podrás rescatar por siempre a ese pequeñito de las profundidades de la inconsciencia, para tenerlo siempre a tu lado de manera consciente.

¿Te encuentras listo para continuar adelante? ¡Vamos pues a descifrar las posibles fracturas que han permanecido en tu alma desde la etapa más temprana de tu infancia, a través del análisis de los siguientes puntos:

11. La fractura más viable en el caso de ser hijo de madre soltera, de padres separados o divorciados, es la de temor e inseguridad inexplicables, que de alguna manera reflejan los sentimientos preponderantes de uno o ambos padres durante aquella etapa de su infancia lejana y que, como blanco, hicieron mella inconsciente en lo más profundo de tu ser.

Te recuerdo que no estamos calificando bajo ningún criterio lo bueno o lo malo de tal o cual situación, simplemente estamos tratando de establecer el impacto de las circunstancias que de una manera u otra afectaron la vida emocional de la infancia y cómo ésta contamina la vida adulta de cualquier hombre o mujer.

Otros posibles aspectos que no deben ser ignorados en estas condiciones, es la posibilidad del rechazo inconsciente o de que el bebé en una situación de separación o divorcio haya sido utilizado, bien para retener o bien para manipular a alguno de los cónyuges haciéndole perder su identidad genuina como ser humano y haciéndole sentirse simplemente como objeto.

Este tipo de fractura quebranta la existencia de un adulto con un permanente sentimiento de inseguridad y de poca o nula importancia que le impulsa a ser adicto al dolor y al sufrimiento, aceptando condiciones que le denigran en todos sentidos; o bien, a tratar de parecer siempre importante, el clasico triunfador, que ciego de soberbia trata de minimizar el esfuerzo de los otros para lograr cubrir la inseguridad latente que le acusa silenciosamente de ser menos que los demás.

Asimismo la ausencia de uno de los padres (no sólo física sino emocional, es decir que aun cuando se hubiera encontrado presente o, por lo menos al alcance, pero incapaz de manifestar afecto) en etapas adultas distorsiona la posibilidad de interacción, bien con la figura masculina o bien con la femenina, según sea la ausencia respectiva, durante la infancia. Por lo que, inconscientemente, se busquen o rechacen las relaciones con las personas del mismo sexo que dejaron cuarteada el alma en la infancia.

También es viable que esta fractura emocional impulse al adulto a convertirse en el "superamigo" para obtener la aprobación de "los cuates" dejando así las necesidades personales de lado y poniendo por encima las de los demás.

Es probable que esta misma fractura (la ausencia física o emocional) de alguno de los padres favorezca la sensación interna de inseguridad que se trata de disfrazar, de minimizar e, incluso de ridiculizar a quien de manera inconsciente se asocia con la figura ausente.

Otra manifestación de la fractura de ausencia o abandono de alguno de los padres puede desencadenar la tendencia a relacionarse con personas casadas o inmaduras emocionalmente, incapaces de comprometerse en una relación estable.

Cabe mencionar que esta condición por sí misma no determina la homosexualidad, pero sí afecta las relaciones en pareja.

No te alarmes, si tú estas viviendo una situación similar con tus hijos, basta que tomes consciencia de las posibles implicaciones de esta situación en el desarrollo emocional del niño, para que procures el contacto de éste con alguna persona de tu confianza del sexo de tu expareja para que platique con ellos y se identifiquen grata y amablemente con el sexo de la pareja ausente. Sobre todo, suprime la horrible costumbre de hablar mal del sexo opuesto, aun cuando tu propia historia sea un rosario de fracasos.

No generalices comentarios negativos hacia el sexo opuesto con el clásico: "todos los hombres..." o "todas las mujeres..." y mucho menos les culpes de tu situación. Evita generar resentimiento en el corazón de un niño, pues nunca es sano para el alma y, a la larga, se transforma en veneno y amargura que se revierte contra la persona que contaminó el corazón del niño.

Una vez que te des cuenta de que es posible cambiar las conductas destructivas que laceran el corazón de quien más amamos, te resultará más fácil dirigirte a tu interior para sanar la herida que te programó para sentirte nulificado, poca cosa e incluso, confundido en tu identidad sexual durante toda la existencia. Con ello, a su vez, te será más fácil cambiar de actitudes y evitar repetir los patrones de conducta inconscientes que te impulsan a fotocopiar el pasado una y otra vez.

Para sanar la herida que esta condición haya podido dejar en tu alma, prepárate una vez más para establecer contacto de corazón a corazón con tu niño interior. Si prefieres abrazarte, disfruta esta caricia y repite para ti mismo:

"Pequeñito mío, hoy que te siento tan cerca de mí quiero recordarte que tú eres un ser único, irrepetible, insustituible, además de singular, que eres un pensamiento divino hecho realidad, forjado a imagen y semejanza del creador"; "no se te olvide jamás, mi niño, que en tu esencia se encuentran grabados todos los misterios de la vida y que tu vida es manifestación perfecta de la vida de Dios. Recuerda, mi amor, que tú no eres culpable de la inconsciencia de los adultos y que la ausencia de uno u otro de quienes te dieron vida, no determina tu importancia ni tu grandeza, pues ambas están determinadas solamente por el hecho de existir, porque tú sola presencia, mi niño, habla de la renovación de la promesa de Dios que se manifiesta en ti".

Repite estas frases o las que en el sentido de devolver la importancia a tu niño interior, salgan de tu corazón las veces que sea necesario.

Detente en este punto el tiempo que necesites, hasta que tú mismo percibas cómo algo cambia en tu interior al ir recobrando la confianza en ti mismo, en la vida y en Dios; y cómo, además, se va desvaneciendo el resentimiento incomprensible almacenado durante tanto tiempo en el corazón.

Cada paso que das va fortaleciendo tu alma y allanando el camino hacia el encuentro franco de tu niño interior en la etapa más temprana de la infancia. Cada paso establece un nexo indestructible de comunicación entre tú y él, él que cada vez es más tú, y tú, que cada momento eres más él. No te desesperes ni te enojes, lo que quiero decir es que, con cada paso, avanzas hacia la conquista de la unidad y la armonía interior.

Dentro de muy poco vas a descubrir lo que es vivir sin conflicto ni dualidad internas, lo que representa saber escuchar, enfrentar y cubrir tus propias necesidades y manejar tus sentimientos, lo que representa vivir cara a cara a la vida y en comunión con Dios desde el nivel más encumbrado de tu mente, lo que significa vivir con las alas del espíritu desplegadas hacia la libertad. ¿Continuamos?

La pregunta 12 del "mapeo del alma" nos conduce a la posibilidad de que, independientemente de la disfunción familiar prevaleciente en el núcleo familiar, para los hijos de padres casados existe por un lado cierta seguridad en el sentido de que aparte de las dificultades y adversidades por las que atraviesa un matrimonio, el solo hecho de estar casados limita la posibilidad de la separación o el divorcio como primera instancia, a diferencia de una unión libre en la que resulta factible que en el momento de una discusión o agresión, el enlace se desbarate, porque en el instante en que explota la ira la conciencia se nubla y, como es sabido, en esas situaciones se dicen y hacen cosas que en realidad no se desean, dejando una estela de ruina y desolación casi imposible de enmendar; en cambio, en un matrimonio legal la separación o disolución del mismo requiere de varias instancias, incluso pláticas de avenencia, además de gastos considerables e inversión de tiempo importante, molestias de tipo legal que incluye la repartición de los bienes, la adjudicación de la patria potestad y la guardia y custodia de los hijos, así como la asignación de pensión, fianza y otros trámites legales que en muchas ocasiones lleva a los cónyuges a desistir en el intento.

En este sentido, valdría la pena agregar al cúmulo de tesoros que la incursión al valle de la obscuridad y las tinieblas de la inconsciencia nos ha proporcionado hasta este instante. Retomar el valor del vínculo matrimonial como base de la familia, para que en el momento que logremos emerger a la superficie de la conciencia acompañados de nuestro niño interior liberado, sea más fácil actuar como adultos responsables y sembrar la semilla de la fe y la esperanza que nace del corazón de nuestro niño interior saneado, para construir una vida diferente y mejor. Y ya con una visión integral se agregue a la firma del "papelito" el verdadero sentido del matrimonio religioso, en el que más que pachanga o exhibición se considere la apertura del espíritu de los contrayentes hacia la presencia suprema del Creador para hacerle partícipe de cada momento de la vida matrimonial.

A estas alturas, para ti ya resulta fácil entender la importancia de la apertura espiritual en todos los ámbitos de la existencia. Y para este propósito también sería conveniente que los futuros esposos, antes de embarcarse en una empresa tan delicada, se comprometieran a realizar el rescate de su niño interior, ya que ello, como tú lo estás experimentando, posibilita hacer una profunda cirugía del alma para lograr transformarse en personas adultas conscientes y dignas, que no sólo nos permite cortar de tajo con los patrones de conducta inconscientes y destructivos que han sumergido a la humanidad durante siglos enteros en una pesadilla de dolor y sufrimiento incalificables, sino que, además, facilita y optimiza la delicada y maravillosa responsabilidad de ser padres y seres humanos íntegros y superiores.

Bueno, esto tómalo sólo como una sugerencia y alístate de nuevo para continuar adentrándonos en el mundo de los recuerdos en busca de ese ayer que se perdió en el valle de la inconsciencia, condenando a tu niño interior a vivir atemorizado e inseguro, de espaldas a la vida. ¿Continuamos?

El lazo matrimonial, cuando se convierte en yugo, también puede generar un impacto de carga o culpa en los hijos si los padres, inmersos en tormentas emocionales, agresiones, infidelidades y demás "chuladas" que se experimentan en una relación disfuncional e inconsciente, esgrimen la tan conocida frase que oculta el miedo e inmadurez personal: "por mis hijos yo no me divorcio". Y esta bandera cubre a los hijos a lo largo de su existencia haciéndolos tener una sensación de culpa y deuda eterna por el sufrimiento causado a uno o a ambos padres.

¡No se vale! Bueno, de hecho nada que surja de la inconsciencia como producto de las heridas sufridas durante la infancia son válidas; pero ahora que tú lo entiendes y que con toda valentía, esfuerzo, fe y voluntad te atreves a romper "cadenas y ataduras de amargura", por favor, jamás utilices esa frasesita aparentemente tan noble pero, en esencia, tan destructora.

A partir de ahora sé responsable de lo que eliges vivir, y no utilices a nadie como escudo o bandera para ocultar el temor, la inseguridad y el egoísmo que lo encubren, ya que ahora puedes entender, a partir del contacto con tu propio sufrimiento y culpa inexplicables, experimentados durante toda una vida, que esta carga emocional es demasiado pesada para cualquier ser humano, con mayor razón para un pequeño e indefenso bebé.

Otra posible fractura emocional relacionada con el vínculo matrimonial es la que se observa en los hijos de padres adictos, quienes albergan un profundo resentimiento hacia la madre por no haber finiquitado la relación destructiva, por haber preferido la compañía de un compañero abusivo e, incluso, golpeador, en nombre del matrimonio o de los propios hijos, haciéndoles sentirse relegados y poco importantes y, además, cargados de resentimiento y culpa cuando, como anteriormente te mencioné, se utiliza a los hijos para justificar el sufrimiento y la humillación que proporciona una relación dependiente destructiva.

Si el vínculo matrimonial de tus progenitores ejerció en tu desarrollo infantil cierta estabilidad, tómalo como una caricia para el alma y continúa adelante. Si, por el contrario, éste ejerció en ti la presión de la culpa y el resentimiento por haber sido utilizado como excusa o pretexto para soportar situaciones degradantes o, por lo menos, incómodas o molestas y abrió una herida emocional al sentirte poco o nada importante, habla con tu niño interior abrazándote a ti mismo con toda la ternura y el amor con el que abrazarías a alguien tan pequeño, tan necesitado de amor y tan importante para ti, y repite en silencio o en voz alta si te es posible hacerlo (puedes grabar las siguientes palabras para poder escucharlas con los ojos cerrados y así lograr una profunda concentración):

"Pequeñito mío, sé que me escuchas porque siento tu emoción en un palpitar peculiar del corazón. Al sentir tu cercanía me resulta fácil llenarme de ternura y amor para decirte que tú no eres culpable ni responsable de las decisiones de tus padres y que mucho menos estás en deuda por el sufrimiento que ellos mismos hayan generado en su inconsciencia. La única deuda que tienes con la vida es la de ser feliz y sonreir para así poder convertirte en un canal perfecto para la expresión de la inteligencia, la belleza y el amor de nuestro Creador".

"Si almacenas resentimiento en tu corazón de niño, por haber sido utilizado por tus padres como bandera de manipulación y chantaje, nulificando con ello tu importancia como ser humano, quiero pedirte, mi niño, que trates de ver en ellos más que el impacto del daño y la agresión que laceró tu alma y procures ver más allá de ese plano y percibir su propia sensación de minusvalía, originada por la fractura emocional de sus propios niños heridos encarcelados en cuerpos de gente grande".

"Sabe, mi amor, que para ti es más fácil entender y perdonar que para mí desde un enfoque de adulto, que aparentemente todo lo entiende y lo razona, pero que ha vivido divorciado de la emoción viva e intensa que te pertenece a ti, mi amor".

"Y mira también, mi niño, si serás importante, que con el solo hecho de sentirte tan cerca, de poder dialogar contigo como ahora lo hago, me siento lleno de paz y de armonía interior. Además, mi niño, nunca olvides que tú eres expresión única e irrepetible del plan supremo del creador".

Es probable que como en cada paso que das en este valle de obscuridad en el que incursionas, en el afán de reencontrarte con tu niño interior, te sientas cada vez más lleno de valor y disposición para continuar en pos de la aventura de rescatarlo, pues en cada momento de contacto con él, a pesar de que afloran las heridas con las que se expone a "carne viva" el alma, también sientas el consuelo y la dicha de poder sanarlas, y así, paso a paso, casi sin darte cuenta, se va operando una transformación interior en ti. ¡Disfrútala! y continúa avanzando hacia tu propósito en el que por fin puedas ver y sentir la libertad de tu niño interno a través de tu propia liberación.

En cuanto a las preguntas 13 y 14 del "mapeo del alma", ambas nos llevan de la mano a inferir que la herida factible en el alma de un niño en estas condiciones es la sensación de saberse poco o nada importante, cuando precisamente el saberse importante constituye una de las necesidades vitales para el desarrollo y estabilidad emocional de cualquier ser humano, principalmente en las etapas de la infancia en las que se organizan los cimientos de la vida afectiva que es de donde emanan las emociones y los sentimientos.

De hecho, incluso la llegada de hermanos carnales cuando no es manejada con conciencia, es decir, cuando no se hace partícipe al niño de la llegada del nuevo hermanito y todas las demostraciones de afecto se vierten en gran mayoría hacia el nuevo miembro de la familia, tanto a nivel verbal como en actitudes, puede propiciar celos y rechazo, generados por la inseguridad que se instala en el corazón del niño al percibirse a sí mismo desplazado y poco importante.

Este último ejemplo puede ilustrar las actitudes de un adulto con un niño lastimado, con la herida emocional de saberse escasamente valorado: se torna agresivo, inseguro, burlón y criticón. Además, frecuentemente utiliza los posibles recursos a su alcance para llamar la atención, aun cuando éstos sean de carácter molesto y destructivo, tales como discutir por todo, tratar de demostrar a toda costa que es poseedor de la "única verdad", que sólo él tiene la razón, tratar de minimizar el valor y los esfuerzos de los demás, etc. Si éste es tu caso, selecciona cualquiera de las reflexiones expuestas anteriormente que tengan relación con el restablecimiento de la certeza de saberse importante para la vida, para Dios y para ti y continúa adelante.

15. La situación de tener hermanos o no, el lugar que ocupas, ser el único varón o la única mujer, o bien la posibilidad de que algún hermano haya fallecido antes, durante tu llegada al mundo (en el caso de hermanos gemelos o embarazo múltiple) o después de tu aparición en la existencia material, tiene diferentes implicaciones. No obstante, tú ya cuentas con suficientes herramientas para detectar la o las posibles heridas que cada circunstancia haya infligido en tu alma de niño. Por el momento, sólo vamos a considerar las más relevantes con el fin de que estos ejemplos sirvan de pauta para detectar tus propias lesiones emocionales:

Tanto en el caso del hijo único como en el caso del hermano mayor se cifran las más grandes esperanzas de los padres quienes, en su inconsciencia, incluso es posible que hayan tratado de extender su existencia a través de este hijo, procurando que éste alcance lo que ellos mismos no lograron realizar a lo largo de su vida, haciéndole sentir el peso de una gran responsabilidad y agobio constante, instalando así la tendencia a la perfección y a la sensación interna de temor inexplicable por no dar "el ancho", lo cual le programa como adulto a tratar de llevar el control en todo y con todos como mecanismo de compensación, programándose así para una difícil convivencia con los demás, pues siempre se exige demasiado de sí mismo y de sus congéneres. O bien, al caso extremo de no querer tomar decisiones ni aceptar responsabilidades, prefiriendo inconscientemente aparecer como perdedor o inútil (el reclamo del niño interno lastimado, en este último caso, es el de evitar la sobrecarga de responsabilidades y las comparaciones por el temor a fallar). En ambos casos, aun cuando la manifestación externa de conducta sea diferente, en esencia la herida emocional es la misma.

La sobrecarga de expectativas o responsabilidades, además de las comparaciones con los hijos de otros, e incluso, con los mismos padres cuando inconscientemente repiten: "yo a tu edad ya había logrado esto o aquello..." "si yo hubiera tenido lo que tú tienes...", etc.

Cuando el caso es ser el hijo intermedio, existen estudios en los que se encuentra el síndrome del "sandwich" es decir, que se percibe a sí mismo como poco importante, inseguro y atemorizado, pues interiormente percibe la sensación de sentir que el hermano mayor todo lo hace mejor, pues es generalmente el ejemplo a seguir, mientras que el hermano menor es más simpático y todo lo que hace causa gracia, incluso hasta la ropa es frecuente que a los hermanos intermedios les toquen los "gallitos".

Recuerda que esto no es una generalidad, sólo un indicio de las posibles causas que constantemente te hacen sentir atemorizado e inseguro, con el fin de que tú mismo logres brindar a tu niño interior el estímulo y reconocimiento que requiere para fortalecer su yo, es decir, su esencia.

Por su parte, en el caso de los hermanos menores corren el riesgo de, o ser sobreprotegidos e incluso que les toquen muchos "papás" o "mamás" cuando son varios los hermanos mayores —y existe mucha diferencia de edades entre ellos— o sentirse "estorbos" o pilones indeseados, afectando en cualquiera de los casos la necesidad de saberse aceptado e importante.

Cuando se ha sufrido la experiencia de perder a un hermano próximo a nacer (antes de tu llegada, durante el parto en el caso de ser gemelos o el que sigue de ti) se establece la posibilidad de múltiples comparaciones que generalmente harán sentir al niño sobreviviente, inseguro e inadecuado además de culpable y poco merecedor de ser feliz.

En cualquiera de estas situaciones o cualquier otra que pudiera haber afectado tu desarrollo emocional, como por ejemplo, ser parecido a mamá, a papá, a la suegra o a quien sea; por tener el mismo carácter de fulano o zutano, por ser el hermano consentido y mimado, o bien, el rechazado y regañado o cualquier otra instancia similar, podemos inferir que tu niño interior pudo haber sido dañado, al no haber obtenido la nutrición emocional adecuada, en las necesidades vitales por no haberse sentido amado, aceptado e importante.

Selecciona cualquiera de las reflexiones anteriores con la que te sientas identificado, y abrazándote a ti mismo o a alguna fotografía, o bien, a un objeto o muñeco que te inspire ternura, repítela pausadamente (recuerda que también es válido grabar las reflexiones para ser utilizadas en los momentos que lo requieras) conforme sientas que algo interior se acomoda y comiences a sentirte con paz y armonía interior, puedes continuar adelante con tu aventura.

La pregunta número 16, del "mapeo del alma" nos dirige a la posibilidad de haber sido rechazado en tu esencia de hombre o de mujer, independientemente de las razones que hayan tenido tus papás, mismas que tú puedes comprender racionalmente. Debes aceptar el impacto de la herida emocional que genera este tipo de fractura, pues programa al adulto a vivir confundido en su propia identidad sexual, a adoptar conductas características del sexo opuesto para obtener aprobación y aceptación.

Una vez que aceptes el impacto de este dolor, acepta el coraje y la ira reprimida durante tanto tiempo, sin olvidar separar a las personas de las actitudes y sin permitir que el impacto de estas emociones dañen a alguien más o a ti mismo. Canaliza estas emociones realizando algún ejercicio o escribiendo cartas.

Cuando hayas realizado este proceso, prepárate para establecer un nuevo contacto emocional con tu niño interior y abrazándote a ti mismo repite:

"Mi niño pequeño, mi niña interior, quiero que sepas que te acepto tal como eres en tu condición de hombre o de mujer, tal cual sea la identidad que te brindó el Señor, nuestro Creador para expresar una parte de sí."

"Quiero que sepas también que ya no tendrás que inventar imágenes para cubrirte con máscaras, ni sufrir en silencio para ser aceptado por los demás, ni tratar ser el monito cilindrero que baila al compás del son por un aplauso o por unas monedas de aceptación; que ya no tendrás que luchar por ser dife-

rente de lo que en realidad eres, pues en ese afán de ser aceptado y querido has obtenido sólo rechazo y desamor.

En este momento, mi niño, mi niña, siente la dicha de ser
quien eres. No tengas miedo, mi amor, atrévete a ser sólo tú.
No busques más el reconocimiento ni la aceptación de los demás, pues recuerda, pequeño, pequeña, que yo te acepto tal
como eres y El, nuestro Señor, quien te creó a su imagen y semejanza, no se equivocó al hacerte hombre o mujer. Sé tú, sin
miedo, mi amor".

Finalmente, la pregunta No. 17 del "mapeo del alma" en
la que se te cuestiona sobre si te has sentido querido y aceptado, te invita a reflexionar sobre estos aspectos en diferentes
etapas de tu vida. Es probable que el impacto del rechazo y el
desamor lo hayas experimentado en diferentes momentos y
circunstancias de tu vida, y una persona que no se siente que-
rida y aceptada, se encuentra invalidada emocionalmente para
establecer relaciones sanas, incluso con los propios hijos, pues
en cada circunstancia se pretende obtener amor y aceptación,
convirtiéndose en un "ayudadicto", es decir, la persona que
trata de salvar a medio mundo, arreglando la vida de los demás, procurando hacerse indispensable, anteponiendo las necesidades de los demás por encima de las propias, sintiéndose frecuentemente agobiado por responsabilidades ajenas que
la incitan a quejarse con medio mundo.

También es frecuente la sensación interna de jamás ser
correspondido en justa medida y que, independientemente
del esfuerzo e incluso, sacrificio que se realice, jamás se es
reconocido suficientemente.

En otra manifestación extrema de esta misma fractura,
la persona afectada se encuentra invalidada para expresar
sus emociones por temor al rechazo; también le cuesta trabajo
aceptar alguna manifestación de afecto, por lo que, incluso, se
torna grosera y distante. Ese tipo de personas, sin duda, son
quienes más requieren evidencias de amor y aceptación, pero
se les dificulta en medida extrema recibirlo, pues interiormente se percibe como inadecuado e inmerecedor de algo

bueno, lo que le obliga a ser desconfiado de cualquier expresión de afecto, que generalmente interpreta con frases como: "¿qué me irá a pedir?"; "¿se estará burlando de mí?", etc.

Si te identificas con alguna característica de las mencionadas e infieres que las necesidades vitales del desarrollo emocional que son: el saberse amado incondicionalmente, aceptado tal como se es, e importante, único e irrepetible, no fueron proporcionadas satisfactoriamente, repite para ti mismo (imaginando que hablas con tu niño interior) cada vez que te sea posible:

"Mi hermoso bebé, pequeñito mío, tú eres la criatura más amada de Dios; estás hecho a la imagen y semejanza del Creador, eres único e irrepetible y eres una expresión perfecta de la inteligencia del señor. Te amo, te acepto tal como eres, y representas para mí lo más importante y vital de mi existencia".

Estas afirmaciones repítelas siempre que puedas, sin mayor esfuerzo. No trates de luchar contra ti mismo, solamente repítelas, independientemente de que, en un principio, lo puedas aceptar o no.

Conforme vayas avanzando en la repetición de cada afirmación, te aseguro que llegará el momento en que no sólo puedas creer lo que dices, sino experimentar una dicha y paz interior infinitas; comenzarás a observar grandes cambios en tu existencia, pues de igual manera en la que programas de información negativos formados por etiquetas y comparaciones y rechazo, determinaron la réplica de patrones de conducta destructivos, la mente también se encuentra preparada para reproducir, multiplicar y expandir la información positiva que instales en tu interior, más aún cuando ésta ha hecho contacto con la parte más sensible de ti, que es donde reside tu niño interior.

El trayecto recorrido hasta este punto seguramente te ha sorprendido, pues has descubierto causas de las limitantes en tu comportamiento como adulto, anteriormente inexplicables para ti y, lo más importante, has aprendido a brindarte a ti mismo las necesidades afectivas vitales para tu estabilidad emocional y con ello dejar de ser un "monito cilindrero", un niñito inseguro o frágil, siempre en busca de aprobación y afecto. No obstante, aún queda un gran trecho que recorrer en el bosque encantado de la inconsciencia hasta el encuentro definitivo con tu niño interior, para rescatarle de la obscuridad y hacer permanente el estado de dicha y de paz que te invade cuando logras hacer contacto con él.

Hasta aquí, el trayecto no ha sido en vano, has logrado enfrentar monstruos y fantasmas de culpa y miedo, has sabido combatir contra las emociones destructivas con el arma infalible de la aceptación; esto es, aceptar las emociones tal cual son, concederte el permiso de sentir y evitar el impacto de la culpa, separando a las personas de las actitudes ¿recuerdas?

Cuando has aceptado el derecho de sentir, ya no te espantan las emociones, pues sabes que lo que te enoja, lo que en realidad odias y deseas destruir son las actitudes y no a la persona ¡vaya triunfo! Ya comienzas a ser dueño de tus emociones, ya sabes lo que te lastima, pero no te confíes, aún queda un largo tramo por recorrer y muchos fantasmas y espantajos más por combatir.

Los alpinistas dicen que los riesgos mayores en la conquista de las cumbres más elevadas se encuentran en el descenso y no en la escalada. El mayor número de accidentes, incluso de consecuencias fatales, se origina en este proceso, y la gran mayoría lo atribuye precisamente al haberse confiado demasiado; al pensar que ya conocían el camino y que sería fácil recorrerlo de nuevo.

Que este ejemplo nos sirva para mantenernos alerta. Disfruta de los logros conquistados hasta este momento. Siempre que puedas mantén contacto con tu niño interior, pero no detengas tu paso y continúa avante hasta que tu propósito de hacer libre a tu niño interior sea realidad.

Para ello, a continuación se plantean algunas preguntas que complementan el mapa que te conducirá hacia donde te aguarda ansioso tu niño interior:

Indicadores actuales

Los indicadores actuales permiten establecer a partir de tras-
tornos afectivos vigentes, la detección de posibles fracturas
emocionales sufridas desde el momento de la concepción y
hasta el momento en que tu "yo bebé" arriva al escenario de la
existencia, e incluso durante los meses siguientes, cuando esta
criatura pequeñita y frágil depende totalmente de los cuidados y atención externa, principalmente materna.

Por favor, procura establecer contacto con la emoción viva
y deja de lado los razonamientos y justificaciones absurdas que
sólo te alejan de la posibilidad de establecer de una vez por
todas un vínculo consciente con tu niño interior y responde
con honestidad a cada pregunta, y como en el caso del mapeo
del alma, procura dejar que fluyan imágenes y recuerdos libremente. Todo lo que emerja de tu interior tiene un significado
afectivo que nos habla de posibles laceraciones emocionales
que ahora, a través del contacto con tu niño interior, tienes la
oportunidad de sanar. ¿Te encuentras dispuesto para continuar?
¡Adelante!

a) ¿Has experimentado alguna vez la sensación interna, inexplicable de miedo o angustia o soledad?

Sí_____ No_____ Trata de recordar en qué momento(s)

_____

_____

_____

b) ¿Te infunde miedo la oscuridad?

No ___   Sí ___   Poco ___   Regular ___   Mucho ___

Explica _____

_____

_____

c) ¿Te atemorizan los temblores?

Sí _____ No _____

Explica _____

_____

_____

d) ¿Has sentido alguna vez la necesidad de llorar sin motivo aparente...?

Sí _____ No _____

Explica _____

_____

_____

e) ¿Has tenido una sensación de fragilidad que te hace aparentar una gran fortaleza frente a los demás?

Sí _____ No _____

Explica _____

_____

_____

f) ¿Has experimentado alguna vez la necesidad imperiosa de ser abrazado, apapachado?

Sí _____ No _____

1) ¿te resulta fácil solicitar una muestra de afecto?
Sí _____ No _____

2) ¿te agrada recibirla? Sí _____ No _____

Ahora bien, todos los recuerdos e imágenes que han poblado tu mente durante el interrogatorio referente a los indicadores actuales, probablemente han generado en ti un flujo indescriptible de sentimientos y emociones encontradas que, sin importar la causa, específica que les ha determinado, nos habla de la factibilidad de la existencia de algunas fracturas emocionales de tu yo bebé, que no fueron detectadas con el mapeo del alma, y como una imagen de rayos "x" del alma, aun cuando un tanto fantasmal e incluso distorsionada nos invita a aceptarlas como reales, para evitar el riesgo de dejar en el camino de encuentro con tu niño interior puntos inexplorados de posible laceración emocional.

Vamos ahora a penetrar en niveles más profundos del valle de la inconsciencia para intentar vincular las emociones generadas por el interrogatorio de los indicadores actuales, con las fracturas emocionales específicas, con el fin de poder sanarlas también:

Los indicadores señalados con los incisos a), b) y c) referentes a la sensación interna de angustia y soledad sin causa aparente; el temor a la obscuridad y a los terremotos nos remiten a la existencia de posibles fracturas emocionales relacionadas con el rechazo y desamor desde la etapa intrauterina, incluso desde el momento de la gestación que, desde luego, también minimizan y hasta anulan el sentido de saberse importante, programando al adulto del mañana a la inseguridad, al temor inexplicable y a un pobre concepto de sí mismo, aunado todo esto a la dificultad para establecer relaciones interpersonales sanas y equitativas.

Es obvio que las causas de las alteraciones emocionales son múltiples, no obstante, las que nos ocupan en el proceso de rescate del niño interior, son las relacionadas con las heridas afectivas recibidas a lo largo del desarrollo infantil, abarcando desde la gestación, por lo que resulta conveniente aceptar la posibilidad de su existencia, si los indicadores de alteración emocional están presentes en tu ánimo.

Te suplico que aceptes esta posibilidad para continuar en tu camino hacia la libertad genuina, la que surge de tu interior y te permite romper lazos y ataduras de dependencia y necesidad de ser aprobado, aceptado y reconocido importante, aun a costa de tu dignidad y plenitud.

Evita el primer impulso de salir corriendo a reclamar o a desquitarte con alguien si descubres la posibilidad de haber sido rechazado desde los primeros momentos de tu existencia. Acepta el dolor del sufrimiento que genera el impacto de esta fractura, llora si es necesario, golpea un cojín, corre, grita y deja que fluyan las emociones, sin tratar de justificar, evadir y mucho menos reprimir, pues todo esto te conduce al auto-engaño característico del nivel subconsciente de la mente, y esto es precisamente la causa de una constante frustración y el camino abierto para que la culpa, la ira y un sin fin de emo-ciones encontradas se instalen de manera permanente en tu corazón.

Es problable que al quitar el dique de la represión y co-miences a sentir el flujo de emociones contenidas durante toda la vida, el llanto bañe tu rostro y preguntes una y mil veces: ¿por qué, por qué a mí? la respuesta la tienes tú mismo: por la misma razón que has dañado a quien más dices amar o, por lo menos, debieras amar. Por la misma razón que de una y mil formas te has dañado a ti mismo, has agredido tu cuerpo y has permitido ser lacerado, dañado: ¡por inconciencia! Recuerda que ningún ser humano daña a otro desde la luz de la concien-cia; todo el mal que experimentamos día con día, la pesadilla de la violencia, la neurosis, el alcoholismo, la drogadicción y demás "chuladas" que nos degradan y destruyen, surgen pre-cisamente de la inconsciencia.

No sería en vano recordar que los seres que nos dieron vida hicieron lo que pudieron con los recursos con los que conta-ban, con su propio niño interior lacerado, encarcelado en un cuerpo de adulto. Tal vez eran muy jóvenes, o viejos ¿qué más da?, tal vez los recursos económicos eran escasos, o vivían una situación de pareja inestable.

No te atormentes en buscar posibles motivos, mejor conti-núa avante en el propósito de rescatar a tu niño interior, de surgir a la conciencia para propiciar una transformación genuina en ti mismo, y a partir de ti, como una reacción en cadena, facilitar el cambio de los demás.

Una vez que has enfrentado el impacto del dolor original, el que generó una fractura en tu alma desde tan temprano momento, te encuentras preparado para dialogar con tu niño interior y sanar la herida descubierta, la cual se encuentra en carne viva y sangra lágrimas de amargura y dolor indescriptible, pues no es fácil aceptar la posibilidad de que desde los primeros momentos de tu existencia hayas sido golpeado con el látigo del rechazo y el desamor.

No es fácil aceptar que el triunfo que conquistaste desde el momento de la concepción haya sido coronado con la injusticia y el miedo; tampoco ha sido fácil vivir toda tu existencia de espaldas a la vida, con la sensación interna de no ser merecedor de ser amado o aceptado.

Todo esto debe doler, lastimar, como duele una herida cuando se limpia. Es como poner alcohol o cualquier antiséptico en una lesión que se encuentra en carne viva, pero justamente ese es el principio de la cicatrización, de la sanación.

Con todo ese dolor y las lágrimas que bañan tu rostro, abrázate de nuevo con toda la ternura y el amor de que eres capaz de experimentar y repite en silencio para tu interior:

"Pequeñito mío, pedacito de mí, quiero que sepas que hoy más que nunca sé lo valioso e importante que eres; admiro la fuerza y el valor que tú has tenido desde que eras una célula diminuta y conquistaste el privilegio de la existencia a pesar del rechazo y el desamor".

"Ahora sé que a pesar de las circunstancias, jamás dejaste de creer ni en la vida ni en ti; eres como la semilla que germina en el concreto, que no se detiene, como tampoco la detiene el peso de las armazones ni la carga de casas y edificios. Eres el milagro maravilloso que se aferró a la vida para manifestar la expresión sublime del Creador"; "¿cómo no amarte, mi pequeño? y ¿cómo continuar ignorando tu importancia y valor?".

"Es tan curioso, mi niño, que al descubrirte tal como eres, tal parece que el temor y la inseguridad se alejan de mí; sintiéndote tan cerquita adivino la fuerza de la vida que te impulsó a conquistar el triunfo supremo de la vida que por ti, mi niño, por ti, mi amor, me pertenece también a mí".

"Ahora sé que ningún obstáculo, ningún problema parece irresoluble cuando descubro que tú formas parte de mí y que la fortaleza que te caracteriza y la fe que no ha dejado de existir jamás para ti, pues a pesar de mi ignorancia e inconsciencia, a pesar del desamor que ha prevalecido a lo largo de mi existencia, tú nunca te has rendido ni vencido."

"A partir de hoy se acabó tu lucha, mi niño; ya no tienes que demostrarle nada a nadie, yo te acepto y te amo porque eres lo más importante para mí, porque eres lo que más amo y admiro, porque eres, mi niño, la esencia misma de la vida y del creador. Permanece tranquilo por siempre, pequeñito mío, mi amor".

Observa tus emociones ¿cómo te sientes después de este descubrimiento, después de este diálogo tan íntimo con tu niño interior? Es probable que comiences a sentir una gran serenidad interna, una inmensa sensación de paz; si esto no es así, continúa abrazándote fuertemente y repite el diálogo anterior e invoca a tu poder superior para que los abrace a ambos hasta que percibas cómo se desvanece el temor y la inseguridad.

En cuanto a los indicadores d), e) y f) referentes al llanto inexplicable y a la sensación interna de fragilidad, así como a la necesidad de ser abrazado y apapachado, se refieren a la posibilidad de no haber sido cubiertas algunas necesidades emocionales en la etapa más temprana de la infancia cuando tu "yo bebé", dependía al 100% de los cuidados y atención de los demás.

En el momento que identifiques este llanto silencioso, la necesidad de ser abrazado, apapachado, detén un momento tus actividades, abrázate un momento y detén la carrera absurda en la que te encuentras inmerso buscando de manera inconsciente, aceptación, amor, reconocimiento e importancia ante los demás.

Al ignorar tu propio llanto y fragilidad, tu "yo bebé" recibe el impacto emocional de aquel ayer cuando necesitaba ser abrazado y consolado, cuando, sin darse cuenta, fue perdiendo la confianza en los demás y en sí mismo, pues su llanto no lograba establecer un nexo de comunicación y demanda de necesidades, ya que no había nadie que acudiera a su llamado, que le brindara un poquito de tiempo y atención, o sólo se satisfacía superficialmente, tal vez con prisas o de mala gana.

Te repito que no importa la causa, lo importante es que ahora tú puedes brindarle lo que él requiere. Ya has tenido el valor y la osadía de incursionar en el valle de los recuerdos y como recompensa te es concedido el privilegio de traspasar tiempo y espacio para abrazar a ese bebé pequeñito que eres tú mismo en un ayer distante, extraviado en las profundidades de la inconsciencia y brindarle en un abrazo intenso y tierno con todo el amor y aceptación que necesita.

El procedimiento ya lo conoces: acepta la emoción que emerge desde las profundidades, abrázate tú mismo y dile a ese pequeño ángel que vive en tus recuerdos, con voz pausada y serena: "nada es más importante que tú, mi amor. Mira, es verdad que tengo mucho trabajo y mil proyectos que realizar, pero acabo de descubrir que la gran mayoría de ellos tenían el propósito secreto de enviarte un mensaje de amor, de que supieras tú y todo mundo que eres importante, una expresión maravillosa del plan supremo. Pero ahora que te siento tan cerca, mi amor, puedo detener mi carrera absurda para llenarte de amor, recordarte que ya no estás solo y que si tienes deseos de llorar, puedes hacerlo; ya no voy a reprimir mis emociones tratando de parecer fuerte e invencible ante los demás. Si asoman lágrimas a mis ojos, las voy a aceptar con infinito amor y gratitud porque sé que son tuyas, mi pequeño, y con ellas voy a formar un collar de perlas para coronar el triunfo de ser uno solo, tú y yo".

Si tienes el deseo, continúa dialogando con tu niño interior sin dejar de abrazarte a ti mismo… "También quiero que sepas, mi pequeño, que ya no tienes que aparentar ser fuerte e invencible ¡eres sólo un bebé! pequeñito y frágil. Si sientes temor o angustia, está bien sentir lo que sientes: si tienes deseo de llorar, hazlo. No tienes que reprimir más tus emociones. Yo tendré buen cuidado de que éstas no afecten a los demás y que tus demandas de atención sean satisfechas con mi tiempo, mi amor y mi atención".

"Además, mi niño, quiero recordarte que ni tú ni yo estamos solos, pues siempre, desde el principio del tiempo y ahora con plena conciencia, el Señor nuestro Creador es nuestra lámpara en la obscuridad, nuestra armadura constante y protección, así como la provisión de todo lo bueno."

Cuando realices los ejercicios anteriores, observa cómo la tormenta emocional cesa, cómo entonces puedes hablar y actuar como adulto, y verás también cómo los fantasmas del miedo y de la angustia se desvanecen y ¡por fin! en el bosque encantado de la obscuridad comienza a brillar el sol.

Experimenta la libertad y la serenidad que te permite actuar como adulto, expresar lo que sientes, demandar lo que necesitas con respeto y dignidad.

Prueba la dicha de ya no tener que mendigar "migajitas de amor y aceptación" y de poder cesar la actividad infructuosa y descabellada que habías emprendido desde siempre, en el intento de complacer a los demás, de ser útil y necesario para obtener aunque sea un poquito de atención y cariño ¿no es maravilloso sentirte libre?

Disfruta estas sensaciones, tal vez desconocidas para ti, y prepárate para continuar avanzando en esta fantástica aventura, pues estás a punto de encontrarte frente a frente con tu niño interior ¡alégrate! sé que no ha sido fácil el trayecto, pero has logrado atravesar la parte obscura de la mente, poblada de recuerdos dolorosos convertidos en fantasmas, espantajos y monstruos de duda, temor, culpa y soledad que durante toda tu existencia te habían hecho preso del ayer, obligándote a fotocopiar el pasado una y otra vez, y ahora te encuentras frente al sitio en donde vive prisionero tu niño interior. Hay una celda fría y obscura en la que ha permanecido tu "yo bebé", que no te resultará difícil encontrar pues a lo largo del camino has aprendido a escucharlo, a sentirlo y ahora se encuentra a unos cuantos pasos de ti. ¿Qué emoción sientes al saberle tan cerquita, tan próximo a ti?

¡Por fin!, ¡por fin! el milagro está a punto de realizarse.

¡Por fin! ha llegado el momento en que vas a experimentar la dicha incomparable de ser tú mismo, de ser uno solo en Dios. ¡Por fin! ha llegado el momento de conquistar tu meta más encumbrada y noble: liberar a tu "yo bebé" de las garras de la obscuridad, teñidas de desamor y de rechazo; prepárate a verlo y a sentirlo tal como es. Para esto, vamos a utilizar lo que en alguna cita del Talmud llaman "El taller de Dios": la visualización que aunada a la emoción viva que emerge desde lo más profundo del océano de la inconsciencia despliega ante ti la puerta en la que el tiempo y el espacio se pierden para convertirse en un eterno hoy, el momento justo en que el ayer y el mañana se transforman en solo "hoy", el instante preciso en que es posible ver cara a cara a Dios e iniciar nuestro regreso consciente hacia el centro de su corazón, que es de donde surge toda la expresión de la creación, en El se encuentra nuestro origen y nuestro fin, es nuestra casa, nuestro hogar; es la fuerza del espíritu que abre un puente hacia la luz, hacia la eternidad.

Para realizar este ejercicio sería conveniente que tengas flores aromáticas cerca del sitio de donde lo realices. Si te es posible agrega también la grabación de trinos y sonidos de la naturaleza, como el sonido de una brisa suave, de una cascada o de un manantial, con el fin de optimizar tus sentidos internos y principalmente que tu niño interior, tu "yo bebé", perciba todos los preparativos que realizas para recibirle, que sepa cuán importante es para ti.

Para realizar el ejercicio de relajación y visualización con el que vas a rescatar a tu "yo bebé", procura un lugar tranquilo y solitario, en un momento en que no haya interrupciones. Si lo realizas en grupo, procura las mismas condiciones, y en ambos casos, tanto si lo haces en forma individual o en grupo, graba con voz pausada y serena la siguiente reflexión, desde el principio para que sea factible una mayor atención y concentración (pídele al Señor nuestro Creador que hable por ti o por la persona que realice la grabación).

Toma una postura cómoda al igual que tus compañeros de grupo, si es que lo realizas de esta manera. No cruces manos ni piernas, cierra los ojos, respira profundo, detén un momento la respiración y exhala suavemente por los labios; ahora inhala en dos tiempos uno-dos; detén el aire tres tiempos. Uno-dos-tres, y exhala en un solo tiempo prolongado; unnno.

Concéntrate en tu respiración, observa su ritmo; cuando inhales di para ti mismo: "yo soy"; al exhalar repite: "paz". Repite esto tres veces. Observa tu respiración, cada vez es más pausada y armónica, comienzas a sentirte inundado por una sensación de paz y tranquilidad inauditas. Disfruta intensamente esta sensación. Percibe el aroma de las flores que están junto a ti. Disfrútalo. Escucha el canto de las aves. Disfrútalo.

Imagina que estás en un valle de belleza impresionante. El cielo es azul de un azul intenso, las nubes son blancas como figuras de algodón y el sol esplendoroso, como el mejor sol de primavera.

El pasto es verde, verde tierno, como el que aparece al retoñar la primavera; por doquier que posas tu mirada, percibes la belleza, el aroma y el color de miles de flores de todas formas y tamaños.

Hay mariposas y colibríes en pleno vuelo. Puedes escuchar el canto y el trino de las aves, y ahí estás tú. Puedes sentir la frescura del rocío que cubre pródigo la alfombra de pasto, te encuentras descalzo.

No muy lejos, escuchas la sinfonía del agua cristalina y transparente de una cascada pequeña que desemboca a un río que te invita a penetrar en él. El agua es tibia, y conforme vas penetrando en él, te vas sintiendo libre, limpio, purificado, como si algo nuevo renaciera en ti.

En tu interior, las células se renuevan y multiplican. También la naturaleza entera se prepara para dar vida a un milagro. La vida canta en armonía con la brisa y el viento una canción de cuna para dar la bienvenida a un maravilloso bebé que ha permanecido largo tiempo atrapado en la obscuridad y las tinieblas de la inconsciencia.

Ahora te diriges a cortar las más hermosas flores y le pides al sol algunos de sus rayos más luminosos, que generoso y contento te entrega. Le pides a las aves, a las mariposas y a los colibríes que te ayuden a tejer una cuna de amor para recibir a ese pequeñito tan especial.

Observa en tu imaginación cómo la naturaleza coopera para entretejer el milagro con el que será bienvenido al mundo tu "yo bebé". Ahora, justo en el sitio en donde se encuentra la cuna tejida con gran ilusión y forjada con rayos de sol y flores de mil colores, aparece un árbol grande y frondoso que extiende sus ramas para servir de sombra y arrullo ¡todo está listo!

Observa tu rostro, percibe tus emociones, lleva tu mano derecha al corazón tu compañero más antiguo, tu amigo, tu cómplice y escucha en silencio su mensaje ¿qué te dice?, ¿cómo te sientes?, ¿emocionado, feliz?

Ahora te diriges hacia una cueva obscura y fría de donde sale un llanto desgarrador ya tan conocido por ti, corres presuroso al encuentro del bebé que ya no resiste más tanta soledad, frío y obscuridad: ¡ahí está frente a ti!

Tómale en tus brazos y acércalo a tu corazón; siente su cercanía, su fragilidad y pequeñez y en este instante, al sentirle tan cerquita, tan tuyo, abrázate a ti mismo con toda la ternura y el amor que hubieras querido recibir en aquel ayer cuando, por primera vez, conociste la luz del mundo, cuando, habiendo conquistado la presea de la vida, sentiste el impacto del rechazo y del desamor (si en tu caso fuiste recibido con aceptación y amor recuérdalo y recíbelo una vez más).

Disfruta esta sensación de bienvenida a la vida, disfruta esta sensación de ser aceptado tal como eres, por el solo hecho de ser sólo tú. Disfruta este momento de comunión con la vida, de integración con tu ayer en la etapa más temprana y distante de tu existencia material y regresa al sitio privilegiado de tu imaginación en donde la naturaleza entera espera la llegada de este bebé único y maravilloso.

Imagina que sales de esa cueva obscura con un hermoso bebé en tus brazos y pleno de dicha, de júbilo infinito, lo muestras con orgullo y gratitud. Percibe el canto de las aves y el vuelo suave de las mariposas. El sol entrega su mejor brillo y calor y el viento mece las hojas de los árboles para entonar en conjunto la sinfonía de la vida, la canción de cuna que desde hoy y para siempre arrulla a tu "yo bebé".

Te diriges hacia la cuna preparada no hace mucho tiempo. Las aves la han fabricado con un colchón entrelazado con las nubes más bellas y una manta tejida con los pétalos más suaves. Tú con infinito amor y cuidado colocas dentro a tu "yo bebé".

Observa detenidamente este cuadro, vé como sonríe tu "yo bebé". ¡Por fin se encuentra tranquilo!, pues sabe que alguien vela su sueño, sabe que su llanto no será ignorado, pues alguien le escucha y le atiende. Por fin se siente amado y aceptado, aceptado como lo que es: ¡la criatura más amada de Dios!

Ahora dile en silencio: "duerme tranquilo, pequeñito mío, que ya no estás solo, ya nunca más volverás a sentir el frío de la obscuridad ni la soledad del desamor y el rechazo. Ya no más, ya no más, pedacito de mi vida, pedazo de mi corazón".

"Duerme tranquilo, mi amor, que desde ahora y para siempre estamos juntos ¡juntos los dos!, y con nosotros, a cada momento, a cada instante, se encuentra El, nuestro Creador".

En este instante estás a punto de vivir otro milagro, pues con el solo hecho de mencionarle, El, tu poder superior, tal como tú puedas concebirlo, se hace presente. Observa su rostro, su mirada llena de ternura, su sonrisa plena de amor y comprensión. Obsérvalo con su manto blanco y los brazos generosos extendidos hacia ti, dándote a entender que le entregues a ese bebé por un momento para acercarlo a su corazón y recordarle con su latido que El, es su padre y su madre universales.

Recordarle con el lenguaje silencioso con el que se expresa Dios, que él es su criatura amada y perfecta hecha a su imagen y semejanza, que ha sido elegida entre todas las posibilidades de vida para expresar una parte de !a inteligencia infinita del Creador.

Con su mirada te dará a entender que ya puedes regresar a tu mundo material y cotidiano "al aquí y al ahora", que tú también puedes permanecer tranquilo, pues tu "yo bebé" vive ya en la claridad, bajo su tutela en el mismito centro de su corazón.

Ahora te sientes tranquilo, sereno. Una sensación nueva y hermosa de paz y serenidad te invade. Te diriges hacia un camino arbolado para iniciar el regreso a tu realidad material. La angustia y el temor han desaparecido; de vez en vez volteas el rostro y te llenas de alegría al observar que alguien tan infinitamente grande y bondadoso está al cuidado de tu "yo bebé".

¡Ya estás de regreso!, respira profundo, detén el aire un momento, ahora exhala suave y lentamente por los labios. Concéntrate en tu respiración. Al inhalar repite "yo soy" al exhalar repite "amor". Una vez más; al inhalar repite "yo soy"; al exhalar "amor".

Mueve las manos como si las sacudieras, mueve los pies hacia atrás y hacia adelante, ahora la cabeza de un lado a otro, levanta los brazos en dirección al cielo y extiéndelos como si volaras; mueve los brazos como si realmente estuvieras volando experimentando una sensación de ligereza y libertad.

Descansa tus brazos y observa tus emociones ¿cómo te sientes? si tienes un espejo observa tu rostro; ¿qué te dice tu mirada? Si estás trabajando en grupo, comenta tus impresiones, tus experiencias e induce a cada uno de los integrantes a hacerlo.

Si te encuentras solo, escribe lo que piensas, lo que sientes; si te sientes bien, sereno y tranquilo disfruta esta sensación y guárdala en tu corazón y en tu mente como un tesoro. Ahora junta las yemas de los dedos pulgar e índice de ambas manos y respira profundo de nuevo; después de guardar el aire por unos instantes exhala suave y lentamente por los labios.

Cuando sientas la necesidad o simplemente el deseo de visualizar las imágenes creadas en este ejercicio, junta de nuevo las yemas de los dedos indicados y verás como te resultará más fácil traer a tu mente el cuadro que desde ahora conforma un refugio secreto para ti y tu niño interior.

Si no te sientes del todo tranquilo y no lograste encontrar a tu "yo bebé", no te desesperes; en la primera oportunidad vuelve a realizar el ejercicio hasta que logres contacto con él. Si esto no es posible, sólo abrázate como lo has venido haciendo a lo largo de todo este proceso y elige la reflexión que más te identifique y repítela cuantas veces sea necesario. No dejes de recurrir a tu poder superior para pedirle orientación, luz y consuelo.

Así, poco a poco, casi sin darte cuenta, ese bebé maravilloso, durante tanto tiempo extraviado en la región de la obscuridad, comenzará a disfrutar de la luz y la claridad a través de tu conciencia, del contacto continuo mediante el hábito de abrazarte y dialogar contigo mismo, ¡no claudiques en tu intento! y observa cómo cada vez la tormenta emocional, el temor, la angustia y los deseos inexplicables de llorar cesan, para tomar su lugar la armonía y la paz interiores.

6

2a. Etapa: Caminando hacia el encuentro de tu "yo nene"

Cuando un nene se pone de pie
y da su primer paso...
¡el cielo se acerca!

Ahora prepárate para incursionar una vez más en la región ignorada y obscura de la mente, en cuya dimensión se encuentra atrapado tu "yo nene". Antes de penetrar en ella recuerda que has salido victorioso de la primera incursión en los terrenos sombríos de los recuerdos y el dolor.

Ahora sabes que tu "yo bebé" ha sido rescatado de las garras de la inconsciencia y que para siempre forma parte consciente de tu mente y de tu corazón, y sólo que tú lo permitas (dejar de dialogar con él; no abrazarte; no atender sus demandas de atención, amor y aceptación; ignorar su fragilidad y la necesidad de expresar su llanto, temor, angustia, etc.) volverá a sentir el frío de una noche obscura y larga.

Recuerda que él ahora duerme tranquilo arrullado por el canto de las aves, cobijamdo por los rayos del sol y bajo el cuidado amoroso de Él... ¡Nuestro Creador! Esta victoria constituye un gran aliento para continuar con tu propósito de rescatar a tu niño interior en cualquier fase de la infancia.

En este momento, el niño interior que aguarda ansioso tu llegada lo podemos identificar como tu "yo nene" y puede aparecer en tus recuerdos como un bebé de meses hasta como un niño de cuatro años o un poco más.

No olvides que esta secuencia sólo se ha propuesto con fines lógicos, pero lo más importante es permitir que los recuerdos emerjan de la inconsciencia, para detectar las posibles fracturas emocionales que laceraron el alma de tu niño durante su desarrollo, por lo que esta etapa puede constituir un punto de enlace con algún momento determinante en que tu vida emocional se cuarteó con el impacto del dolor y el sufrimiento, sin importar la edad ni las circunstancias.

Con esto quiero decir que más importante que la edad en sí, es la carencia emocional que deterioró tu desarrollo emocional en algún momento de tu ayer, cuando eras un niño, por lo que al descubrir las características y necesidades en cada una de las fases del crecimiento infantil, es viable que aparezcan imágenes en tu mente, incluso de adolescente o de adulto, que requieren la nutrición emocional que vas a aprender a brindarle a tu yo interior independientemente de la edad.

Por lo tanto, es importante que aprendas a identificar las demandas de tu niño interior a través de las manifestaciones emocionales que experimentas como adulto, que son aquellas que parecen inexplicables, y además llevan la connotación de nostalgia y tristeza sin que exista razón aparente.

Te recuerdo que las necesidades emocionales de ser amado, aceptado y sentirse importante son universales y de hecho involucran a todo ser humano en cualquier momento de la existencia. No obstante, es fácil identificarlas con tu "yo bebé", pero no quedan ajenas a ninguna fase de rescate de tu niño interior.

De igual manera, las necesidades de tu "yo nene", que a continuación vamos a descubrir, no quedan exentas en ningún momento del desarrollo infantil; lo importante es detectarlas, establecer las manifestaciones emocionales que brotan cuando existe ebullición o dualidad inconscientes y poder cubrirlas inmediatamente con los mecanismos de contacto con tu niño interior que vas aprendiendo paso a paso, para sentir cómo, al instante "el alma se acomoda" y como magia es posible actuar con madurez y dejar atrás la actitudes infantiles e inmaduras.

Características relevantes de la Segunda Etapa

No olvides que esta Segunda Etapa te lleva de la mano hacia el encuentro de tu "yo nene"

Existen dos características relevantes de esta etapa; la primera es la que se identifica con el afán de explorar, tanto a sí mismo como a todo lo que le rodea; bien, tocado o preguntado. La segunda ocurre en el instante en que tu "yo nene" se pone de pie y da sus primeros pasos.

Para que logres establecer fácilmente el camino de encuentro con tu niño interior en una etapa tan peculiar y trascendente, imagina a un nenito de 9 o 10 meses tocando y descubriendo su propio cuerpo; con la misma curiosidad que percibe los orificios de sus orejitas, descubre sus genitales y toca cada parte de sí mismo con el interés y la sorpresa de un explorador. En él no existen intenciones negras ni propósitos obscuros.

No obstante, si en los adultos que le cuidan existe un niño herido en su interior fracturado con la herida lacerante de la vergüenza, probablemente ellos van a repetir el patrón conductual que recibieron en el instante que realizaban sus propias exploraciones y descubrimientos. Es posible que le den un manazo al niño o que le griten: "muchacho cochino, quite la mano de ahí", o frases similares que confundan al pequeño y lo hagan sentirse malo y avergonzado, sin entender la razón, pues no está en edad de comprender racionalmente información alguna.

Mientras que las emociones como la cara de enojo de mamá o papá, los gritos y las ofensas le envían el mensaje derechito al centro del corazón, que le hacen sentir ruín e inadecuado produciéndose una fractura emocional en su alma de niño.

Otro aspecto que tiende a fracturar emocionalmente al niño en esta etapa, es precisamente cuando los padres, a pesar del intento, incluso del juramento de no repetir patrones de conducta que antaño les laceraron a ellos mismos, la angustia almacenada en su niño interior lastimado durante toda una existencia con la herida de la vergüenza, aflora de manera inconsciente y les impulsará a hacer a un lado las manitas del nene cuando toque sus genitales, o tratarán de distraerle con palabras o juegos. No obstante, el pequeñito recibe la misma información distorsionada que le hace sentir, de igual manera, avergonzado y confuso albergando la sensación interna de inseguridad y de ser malo.

Es importante mencionar que lo que lacera al niño no es en sí la distracción con palabras o juegos, sino la carga de vergüenza y angustia que muestran los padres al pequeño, quien emocionalmente percibe que algo funciona mal cuando toca sus genitales.

Necesidades emocionales de tu "yo nene"

Las necesidades emocionales más relevantes en la etapa infantil que incluye a tu "yo nene" están relacionadas con:
1. El establecimiento de límites, además de
2. Atención y cuidado tanto físico como emocional, pues abarca los momentos en que el niño comienza a rodarse de la cama, a gatear, e incluso a ponerse en pie y dar sus primeros pasos.

Es una etapa en la que el nene quiere tocar todo, no mide riesgos ni peligros. Comienza a sentirse independiente y experimenta el deseo de ampliar su campo de acción descubriendo su potencial y también sus fronteras. Para este proceso necesita a su lado adultos que se encuentren emocionalmente estables para poder decir ¡no! con firmeza y sin culpa, y para permitir que el niño corra pequeños riesgos y experimente las consecuencias. Adultos capaces de observar, respetar y alentar para que el niño vaya descubriendo su individualidad, estableciendo sus límites y también su potencialidad, pero que al momento de la caída o del error, exista una mano que le permita apoyarse y levantarse de nuevo, una palabra de aliento que le explique que todo está bien y que a pesar de la falla no hay problema, que sigue siendo amado y aceptado tal como es, ofrecerle una sonrisa que le infunda confianza y seguridad para seguir explorando el mundo.

Un adulto emocionalmente inestable, con un niño interior herido, se encuentra incapacitado para brindar la libertad y el respeto que el niño de esta etapa esencial del crecimiento requiere, pues es factible que su propio niño herido le impulse a actuar, con sobreprotección tratando de cubrir todas las necesidades del nene acercándole a él todo lo que solicite en vez de permitirle e, incluso, estimularlo para alcanzarlo por sí mismo.

En esta misma tendencia de apoyo exagerado, es probable que el padre dañado emocionalmente, al primer golpe o caída del niño trate de impedirle continuar adelante asustándolo o amenazándolo con toda una cantaleta acerca de todos los peligros que el pequeño tiene que enfrentar y todo lo grave que le puede pasar, incrementando con ello el temor y la inseguridad en el niño.

También es probable que en el caso de que exista una fractura similar en los padres, se tienda hacia la minimización o ignorancia de las necesidades del nene, de la misma manera como ellos mismos fueron ignorados en la infancia, por lo que es probable que se encuentren inmersos en actividades que les permitan evadir el dolor de ayer.

Recuerda que la dinámica de la mente te explica cómo una misma alteración emocional puede manifestarse como una tendencia hacia la exaltación o la represión, pero en el fondo la herida es la misma, por lo que resulta viable que de manera inconsciente se encuentren tan ocupados de sí mismos y tan involucrados en su propia problemática o adicción que se olviden fácilmente de las necesidades del niño, de manera que si están de buenas le permitan realizar todo cuanto desea sin señalar lo que está bien o lo que está mal, sin ocuparse de establecer límites que marquen con firmeza y cariño hasta dónde es posible explorar sin riesgo.

Es característico de las personas fracturadas emocionalmente jugar al todo o nada; es decir, a la polaridad que implica jamás encontrar el justo medio, pues todo es blanco o negro, bueno o malo y, lo más grave, los criterios se establecen generalmente por el propio estado de ánimo y no por las circunstancias y, mucho menos aún, por las necesidades del niño.

Para ilustrar lo anterior, bastaría poner el ejemplo tristemente cotidiano de que cuando el niño en su diario recorrido de exploración derrama algún líquido sobre la alfombra o rompe algún objeto valioso; si los papás están de buenas, hasta le festejan "la gracia" y, cuando mucho, le quitan de las manos el recipiente para que no continúe derramando el líquido. Pero si comete la misma acción en un momento de prisa o de mal humor de los padres disfuncionales, le gritan y hasta lo insultan y lo golpean.

Con este proceder de los padres, el nene no tiene oportunidad de aprender lo que está bien o mal hecho y se va tornando inseguro y rebelde.

En otro caso, es viable que los padres demasiado ocupados hayan restringido la actividad del niño hasta el grado de amarrarlo a la pata de la cama o encerrarlo durante un tiempo prolongado en corralitos para niño o en habitaciones obscuras, en cuyo caso, el llanto del niño no obtiene retroalimentación alguna y los deseos por explorar y conocer se agotan, generando una profunda frustración aunada a un gran temor e inseguridad internos, pues sus primeros intentos por descubrir el mundo que le rodea han fracasado.

Todo esto va generando un severo impacto en el desarrollo emocional del nene, pues la carga de vergüenza que va recibiendo, tanto por tocar su cuerpo, como por tirar y romper objetos o derramar líquidos y alimentos, así como por preguntar incansablemente: "¿Por qué... esto o aquello?"

Indicadores actuales

A continuación se proponen algunos indicadores emocionales que se manifiestan en la actualidad y que hablan de posibles laceraciones en tu alma de niño en la etapa de tu "yo nene".

Reflexiona detenidamente en cada uno de ellos y trata de identificar las emociones y los recuerdos que cada una te traiga. Si te es posible, escribe lo que aparezca por tus pensamientos o graba lo que estás experimentando. No permitas que te atemoricen los recuerdos, pues independientemente de la forma en que elijan aparecer en tu conciencia, no olvides que pertenecen a un tiempo y lugar que no tiene ningún dominio sobre ti, pues forman parte de tu pasado y que precisamente el único poder que poseen es el de permanecer inconscientes y brotar como explosiones inexplicables de emociones contradictorias, pesadillas, enfermedades o carencias.

Utiliza todas las herramientas que has obtenido a lo largo de la incursión en el valle de la obscuridad y las evocaciones, en donde la vergüenza, el temor y la inseguridad se visten de fantasmas o espantajos con el fin de detener tu irrupción consciente en sus terrenos.

Además, en este proceso en el que deambulas en el valle de la obscuridad y los recuerdos, no olvides invocar la presencia de tu poder superior para que sea de nuevo tu constante compañía, tu guía y tu luz. ¿Estás listo?...

a) ¿Sientes temor cuando vas a emprender alguna nueva actividad?
b) ¿Te cuesta trabajo detectar tus necesidades tanto físicas como emocionales?
c) ¿Te resulta difícil establecer límites o encontrar el justo medio en tus decisiones?
d) ¿Te sorprenden tus cambios de conducta y de emociones?
e) ¿Te consideras inestable emocionalmente (frecuentemente cambias de estado de ánimo)?
f) ¿Frecuentemente piensas que la vida no tiene sentido?

g) ¿Te cuesta trabajo reponerte cuando has sufrido una caída emocional o un contratiempo?

h) ¿Te cuesta trabajo terminar lo que comienzas?

i) ¿Experimentas temor y angustia cuando vas a iniciar nuevas actividades?

j) ¿Has experimentado la dualidad entre tus pensamientos y tus acciones (piensas una cosa, sientes otra y actúas de manera diferente)?

k) ¿Experimentas en tu vida cambios dramáticos en tu manera de pensar y actuar (v.gr.: practicar ejercicio de manera obsesiva, caer en la apatía y la inactividad, caer en períodos de libertinaje y otros de abstinencia y culpa, no sólo sexual, sino de adicciones tales como: comer en exceso o ser esclavo de la dietas)?

l) ¿Constantemente estás enfermo?; ¿alguna vez te han calificado como hipocondriaco?

ll) ¿Tiendes a generalizar e irte a los extremos (vgr.: "todos los hombres ....todas las mujeres; todo es bueno o todo es malo; blanco o negro, etc.)?

m) ¿Te cuesta trabajo establecer el justo medio en tus decisiones y acciones (ofreces todo sin dejar algo para ti, esperas que algo o alguien pueda hacerte feliz, callas tus emociones para no causar molestias; por nimiedades explotas y terminas una relación o abandonas un trabajo; frecuentemente piensas "que te pasaste"; "que no te mediste"?

n) ¿Tiendes a ser obsesivo (una vez que comienzas algo no puedes parar; cuando se instala un patrón de pensamiento te cuesta trabajo alejarlo de tu mente; constantemente estás pensando en lo mismo, como en un círculo vicioso que te obsesiona y te cansa)?

Análisis de los indicadores actuales en la etapa de rescate de tu "yo nene"

De manera general nos señalan que la inadecuada nutrición emocional en esta etapa tan relevante del desarrollo infantil, se traduce en la vida adulta como una gran inseguridad que se puede manifestar, bien como dificultad para reconocer las propias necesidades tanto físicas (como dolores múltiples, cansancio, etc.) como emocionales impidiendo tener contacto con los requerimientos propios, ignorando incluso lo que se desea y hasta lo que se detesta, además de distorsionar los diferentes estados de ánimo cubriéndolos de maquillaje, mostrando una sonrisa perpetua aun cuando se encuentre destrozado por dentro, o bien, ostentar el ceño fruncido o la famosa "jeta", para cubrir el temor de mostrarse débil y con necesidades afectivas; o bien, evadir la emoción mediante alguna adicción química (alcohol, tabaco, comida, etc.) o emocional (relación dependiente destructiva, rescatador de inútiles y "pobrecitos", etc.).

Así, todas y cada una de las preguntas que forman el cuestionario de indicadores actuales nos llevan de la mano a la detección de posibles fracturas que cuartearon el alma de tu niño en una etapa determinante de tu infancia por falta de cuidados y atención, o por sobreprotección; o tal vez porque en los momentos culminantes cuando intentabas descubrir tu propio cuerpo y el mundo de tu alrededor, no se encontraba la mano firme para detenerte y guiarte amorosamente o en caso necesario, para ayudar a levantarte después de la caída. O tal vez esa mano, de la que esperabas una caricia y un apoyo firme y seguro, se volcó en golpes cuando te convertías en explorador, derramaste algún líquido, jalaste un mantel volcando todo lo que se encontraba encima, o porque tiraste ese objeto valioso que a ti te llamó la atención simplemente por su forma o su color, pero que tu mente de niño no podía apreciar el valor estimativo de dicho objeto.

Sin darte cuenta, tu curiosidad se transformó en temor e inseguridad permanentes, además de la pérdida de sentido a la vida y en una tendencia inexplicable a la tristeza y el sentimiento de nostalgia que, en silencio, te hablaba de la pérdida de algo muy querido e importante para ti, pues sin percibirlo habías cancelado un anhelo y enterrado un sueño.

De manera clandestina se instaló en ti también la tendencia a las depresiones, haciéndote sentir, con mayor frecuencia de la que hubieras querido, como un mero espectador de la vida, observándola pasar trás la ventana, tras bambalinas. Estas heridas antiguas de manera repetida te han hecho sentir como una muñeca, un muñeco de cartón sin vida, que sólo la mira pasar desde lejos sin participar, porque tiene miedo de actuar, de explorar y arriesgarse.

De manera específica, los indicadores actuales de las preguntas relacionadas con la generalización, la tendencia a irse a los extremos y la dificultad de encontrar el justo medio en la toma de decisiones y acciones están relacionadas con la ausencia de límites.

Fracturando el alma de tu "yo nene", al no establecer límites ni fronteras, no se te indicó lo que era bueno o lo que era malo y la respuesta a tus acciones dependía más bien de los estados de ánimo de tus progenitores o tutores, de tal manera que en la vida de adulto resulta verdaderamente difícil poner límites, empezar algún proyecto; más aún, comenzar algo y terminarlo.

A veces, esas heridas antiguas te hacen sentir en conflicto, temeroso y vacilante para actuar, porque no es claro para ti lo que es bueno o lo que es malo, ni hasta dónde llegar, agravado esto no solamente porque como humanidad nos hemos involucrado en una dinámica exclusivamente materialista, olvidando valores superiores, sino porque las cuarteaduras emocionales de aquella etapa distante te impiden forjar una visión amplia y clara.

Todo esto te impulsa de manera inconsciente a vivir etapas de gran libertinaje y desenfreno moral, sexual, intelectual y económico y, en otras ocasiones, a una represión brutal experimentando etapas de abstinencia sexual (no confundir con castidad, ya que ésta implica la eliminación de la actividad sexual por el ejercicio de un valor superior, que no causa estragos de ninguna índole ni se manifiesta como histeria, ni como pretexto para andar "arañando las paredes", ni agrediendo a media humanidad), avaricia, anorexia y miedo de vivir sin comprender el motivo. De esta manera, la razón se disocia del sentimiento, pues se piensa una cosa, pero el corazón dicta otra muy diferente, por lo que es frecuente encontrarte a ti mismo dividido interiormente, desgajado, viviendo siempre a medias; temeroso e inseguro.

Cualquiera que sea tu caso, en este momento en que te es posible detectar conscientemente el porqué de tus fallas, temores, tristezas y angustias inexplicables y también saber cuáles son las necesidades emocionales de tu "yo nene" que no fueron cubiertas en aquel ayer distante, prepárate para traspasar tiempo y espacio una vez más, para encontrarte con ese niño maravilloso que ha aguardado durante tanto tiempo, esperando la ocasión de afianzarse de una mano firme para explorar el mundo, de escuchar una palabra de aliento que le indique también los límites y las fronteras, lo bueno y lo malo para despejar el temor y la inseguridad.

Con ese niño que necesita tanto saber que aun cuando llegue a caerse, romper un objeto, derramar algo o cometer algún error, se le sigue amando, y con ello aprender que tanto él como cualquier ser humano puede fallar y que no por ello se le debe condenar a la obscuridad de un infierno interminable, pues sigue siendo importante para sus padres, necesario para la vida y relevante para el plan divino del creador. Ese niño, que necesita aprender a ver a los demás con generosidad, aceptando las fallas y caídas inevitables de nuestra especie, para dejar de ser perfeccionista y exigir lo imposible, clausurando de esta manera la permanencia en un infierno repetido, en una obscuridad sin una chispa de luz.

En este momento prepárate para abrir un espacio consciente en tu corazón, para abrazarlo, para hacerle saber cuán importante es para ti, y ¡por fin!, tenderle una mano firme y amorosa en la que pueda sostenerse y que es tu propia mano junto a la cual se encuentra la palma divina y misericordiosa de nuestro señor.

Para este propósito, es recomendable que grabes y escuches el ejercicio que adelante se propone. Si trabajas en grupo, solicita a la persona que tenga la voz más serena, que sea ella la encargada de decirla, para que todos juntos puedan realizar el siguiente ejercicio de encuentro con tu niño interior en la fase de "nene".

Una vez que esté disponible la reflexión, de manera individual o grupal prepárate para adoptar una postura cómoda, de preferencia sentado, con la espalda derechita, como le corresponde a la criatura más amada de Dios. Cuida de no cruzar manos ni piernas.

Ahora, con la mente y el corazón abiertos, escucha, visualiza y experimenta la reflexión que vas a hacer. Cierra los ojos, aspira profundamente, guarda un momento el aire y exhala suave y lentamente por los labios; inhala una vez más —haz ese aire tuyo— y exhala suave y lentamente por los labios.

Ejercicio:

Imagina un lugar especial, único y misterioso. Es un lugar secreto y maravilloso, hecho exclusivamente para ti, al cual sólo tiene acceso quien tú desees. Este lugar secreto puede ser una playa serena, la orilla de un río, un bosque en un amanecer o un atardecer, o bien, la casa de la abuelita, de la tía generosa, el patio de ese lugar tan especial, o puede ser también "un cuerno de la luna", "la punta de una estrella", la cúspide de una montaña... ¡lo que quieras! El lugar tú lo eliges, lo diseñas o lo inventas ¡qué más da! Ese lugar será tu sitio especial —te pertenece— es tu refugio, tu santuario, es tu lugar único, especial.

Ahora allí en ese sitio tan tuyo, aparece en escena un niño pequeño o una niña pequeñita aprendiendo a gatear o intentando ponerse en pie con gran esfuerzo. Observa. Para ese nene maravilloso representa toda una odisea que requiere de mucho valor y aliento, pues para él significa la más importante aventura de su existencia.

En esos momentos tú serás un simple observador de la escena. Mira detenidamente el rostro del nene, su mirada. ¿Qué te dice?... ¿Denota amor?, ¿Muestra tristeza?, ¿Busca apoyo, una mano firme?

Quizá tiene miedo de preguntar ¿por qué esto, o por qué aquéllo? Tal vez se muestre renuente a ponerse de nuevo en pie después de la caída, porque tenga miedo o sienta vergüenza por haber fallado.

Ahora en esa misma escena apareces tú tal como eres ahora, y despacito, suavecito, te vas acercando a él o a ella con la expectativa de quien alcanza un sueño, como quien de pronto se encuentra frente a los portales del cielo.

Observa de nuevo su rostro, su mirada; tal vez en este momento tu presencia no le transmita nada o, tal vez, experimente temor intenso al sentirse tan cerca. Recuerda que las fracturas que cuartearon su alma de niño, fueron infringidas por un adulto inconsciente.

No te detengas, dile con toda la ternura que seas capaz que estás con él para brindarle todo el amor y el apoyo que necesite, para hacerle sentir todo lo importante y especial que es para ti y para la vida, para permanecer junto a él mientras nuevamente intenta ponerse en pie y dar sus primeros pasos, para marcarle límites y enseñarle con firmeza, amor y ternura lo que es bueno y lo que no debe realizar porque está mal.

Con toda humildad confiesa que a veces dudas de tus propias capacidades, que también tú conoces el temor y la angustia, pues durante mucho tiempo han sido tus compañeros constantes. Pero que junto a ti se encuentra la presencia sublime de Dios, quien extiende también su mano poderosa y generosa hacia él, hacia ella.

Dile suave y dulcemente que no dude, que ¡por fin! tiene una mano firme frente a él y una presencia que le ofrece la fuerza y ternura con toda sinceridad y cariño, que si se cae, esa mano que se extiende ahora frente a él con tanto amor, permanecerá extendida y firme, sin ademán de amenaza, para servirle de apoyo y brindarle una caricia.

Que ¡por fin! hay alguien frente a él, pendiente de sus pasos, para impulsarle a seguir adelante y que acaricie su rostro y bese su frente para alentarle a continuar, y hacerle saber que está bien fallar, que es incluso necesario caer para descubrir la fuerza del nuevo intento, pues con ello va a descubrir la magia de mantener la vista en dirección a las estrellas, aun cuando se encuentre parado sobre piedras.

Observa ahora cómo sonríe; la promesa, la oferta que le brindas, le resulta imposible resistirla y por ello con una gran ilusión y alegría, con mucho cuidado, ternura y cariño, despacito, muy despacito, se va acercando a ti. Es probable que se acerque gateando o que haga el intento de ponerse en pie, y ya, a un paso de ti, le extiendes tu mano con infinito amor y como prodigio observas cómo de la otra manita le toma amorosamente nuestro creador.

Observa de nuevo su rostro; ve como sonríe, disfruta su felicidad y atráelo a tu corazón en un abrazo muy fuerte. En ese momento ambos reciben el abrazo de tu poder superior, quien les cubre con su luz y su presencia. Disfruta esta sensación tan especial con la dicha indescriptible de sentirlo tan cerca, y dile en silencio como quien dice una oración:

"Quiero que sepas, mi niño, mi niña, que desde ahora y para siempre estaremos juntos; ya no tienes que sentirte avergonzado nunca más por tocar tu cuerpo, por tus intentos de descubrir quién eres."

"Está bien sentir lo que sientes, hacer lo que haces. Está bien, es natural sentir miedo, es sensacional que desees columpiarte en las estrellas y escalar montañas. También es excelente que todo te cause sorpresa y que preguntes ¿por qué? tantas veces como quieras hacerlo."

"Mi niño, mi niña pequeñita, ya no estás solo, sola; tú y yo vamos a descubrir caminos juntos; te prometo que voy a respetar tu individualidad y tu curiosidad innata, para que no dudes en descubrir el mundo, pero cuando necesites de mi presencia, te aseguro que ahí voy a estar cerquita, muy cerquita de ti y, mira, mi amor, previniendo cualquier instancia porque, como tú, también soy humano y puedo fallar; entonces, no dudes, pequeñito, en invocar a Dios. Te aseguro que El siempre se encuentra dispuesto; El no tiene horario especial ni ocupación más importante que cuidar de nosotros."

Disfruta esta sensación de sentir a tu "yo nene" tan cerquita de ti, tan confiado y seguro. Agradece en silencio el privilegio, el milagro de haberte permitido traspasar tiempo y espacio para encontrarte con tu niño interior en una etapa tan peculiar para junto con él descubrir nuevos caminos.

Ahora, observa en tu mente, en tu imaginación, cómo se separa de ti confiado y se aleja feliz y tranquilo. Tal vez aparezca, en las imágenes que pueblan tu mente, gateando o tal vez dando sus primeros pasitos. Lo importante que se ha despertado de nuevo en él, la inquietud por descubrir el mundo, por explorar todo a su alrededor; observa cómo irradia alegría, pues se siente capaz de dejar de ser espectador para convertirse en el actor principal de la vida, transformarse en expresión cálida, radiante y activa de la existencia.

Al observar estas imágenes en tu mente, tú mismo comienzas a experimentar una sensación olvidada, que es el impulso de la vida que fluye en ti, al igual que en tu niño interior, a raudales y te empuja a volver a empezar, a levantarte de nuevo con nuevos bríos para iniciar una vida nueva, una vida mejor.

Disfruta esta sensación maravillosa que es la vida, tocando con toda tu fuerza a la puerta de la conciencia; es el renacer de tu "yo nene" que al descubrir una mano amorosa y firme junto a él, ha vuelto a experimentar el deseo de conquistar el infinito, ha dejado la vergüenza a un lado y sabe que una falla, un error o una caída representan en sí mismas la oportunidad de aprovechar la experiencia y, sin miedo, volver a empezar.

Con esta sensación admirable, con la emoción indescriptible que te embarga, respira profundo —haz ese aire tuyo— y exhala suave y lentamente por los labios. Inhala una vez más, suave y lentamente, retén ese aire de vida para llevarlo a cada célula, a cada partícula, y exhala suave y lentamente por los labios. Ahora abre despacio los ojos, sacude tus manos como si estuvieras sacudiendo gotas de agua, mueve los pies como si marcharas en tu lugar y observa tus sentimientos y emociones.

Si estás trabajando en grupo estimula la participación de cada uno de los integrantes para que expongan sus sentimientos y hazlo tú mismo también. Si te encuentras solo, procura escribir lo que sientes o graba tus emociones y procura disfrutar intensamente cada sensación que emerge desde lo más profundo de tu ser ante la expectativa de haber logrado el rescate de tu "yo nene" y con ello haber rescatado también la oportunidad maravillosa de volver a intentar, de levantarte una vez más, de ponerte en pie, de comenzar de nuevo y atreverte a: ¡Vivir!

Fin del ejercicio

¡Bravo! una vez más has salido victorioso de tu intento. Has logrado rescatar de las garras de la obscuridad a tu "yo nene" y con esta conquista descubres un nuevo impulso de vida que te empuja a continuar adelante hacia el rescate de un fragmento más de ti, un fragmento de ese ayer perdido que se arraigó durante toda una vida en el valle de los recuerdos, en espectros y fantasmas de culpa, incertidumbre y dolor que te hacían sentir inseguro y frustrado.

Si es necesario, descansa un poco. Agradece de nuevo a nuestro Creador, por este milagro que te permite integrar el ayer con tu hoy a través de la conciencia, para clausurar el sufrimiento y el dolor de las heridas de antaño que cuartearon el alma de tu niño interior.

7

3a. etapa
En busca de tu "yo niño"

Un niño es raíz y fruto,
es ayer y mañana,
es presente y eternidad.

Prepárate una vez más para incursionar en el valle de la obscuridad y los recuerdos, que ya no resultará desconocido para ti. En este sitio te aguarda tu "yo niño" lacerado y solo, aterrado por el miedo y el temor a fallar, a no ser lo suficientemente bueno, a sufrir el impacto del rechazo y la comparación como lo recibió en aquel ayer cuando apenas era un niño aprendiendo a crecer, intentando descubrirse así mismo y su propio potencial. Ese niño avergonzado y culpable se encuentra en algún lugar del bosque encantado en donde deambulan los fantasmas y los recuerdos de culpa, golpes, comparaciones, abandono, dolor y soledad.

Para penetrar en ese valle encantado, ármate de nuevo con valor y con todos los recursos ya conocidos. Si es necesario, vuelve a leer el capítulo número 3 para fortalecer de nuevo y tener a la mano las herramientas que utilizaste a lo largo del trayecto y te permitieron rescatar a tu "yo bebé" y a tu "yo nene".

Invoca de nuevo a tu poder superior para que sea tu guía constante, consuelo y paz, armadura y refugio para el momento que lo requieras; tú ya has descubierto el milagro de su presencia y su protección. Con El es fácil enfrentar el miedo, combatir fantasmas y monstruos para lograr ver despojado a tu niño interior de la lápida de la culpa y la soledad.

¿Estás listo?...¡Adelante!

Es conveniente saber que esta etapa cobra gran importancia puesto que está asociada a la aparición de lo que conocemos como "uso de razón" o la capacidad de recordar. Esta facultad se comienza a desarrollar alrededor de los 5 o 6 años o tal vez un poco antes.

No te preocupes tanto de la edad como de los acontecimientos. Lo relevante de este hecho es que hace que los recuerdos, tanto los agradables como los desagradables, se registren además en regiones de la corteza cerebral en un nivel diferente al de la emoción, por lo que cobran mayor impacto y fuerza cuando llegan al nivel de la conciencia, y por ello es necesario estar preparado con todos los recursos posibles para combatir el impacto de las evocaciones dolorosas.

En esta etapa también comienza una nueva fase de socialización y convivencia con otras personas, por lo que los factores de impacto emocional se incrementan de manera notable. Además, se presenta el desprendimiento temporal del núcleo familiar cuando el niño ingresa a la escuela, que es como un nuevo parto pero a nivel emocional, independientemente de que el niño ingrese a kinder, preprimaria o primaria.

En esta etapa ocurren diversos momentos culminantes más relacionados con la historia personal que con aspectos generales y es por ello imprescindible realizar un cuidadoso análisis de lo ocurrido en esta fase.

Es probable que conforme vayas avanzando en dicho análisis, emerjan recuerdos dolorosos que te invadan de ira o temor. No te alarmes; como siempre, acepta la emoción tal como se presente, sin disfrazarla ni evadirla. Para que puedas hacerla consciente, separa a las personas de las actitudes.

Recuerda que esto constituye un arma poderosa para enfrentar y desvanecer monstruos y fantasmas que han permanecido instalados durante toda una vida en tu interior haciéndote dudar de tu valía, convenciéndote de que no mereces nada bueno o impulsándote a inventar personajes, máscaras e imágenes, para cubrir la herida sangrante del alma de tu "yo niño" y tratar de parecer lo que quisieras ser ocultando lo que eres en realidad.

En esta etapa es común que se instale en ti el sentimiento de culpa, pues el pensamiento del niño en esta fase todavía mantiene características egocéntricas, es decir, que por su propia inmadurez emocional se siente el centro del universo y piensa que todo gira en torno a él, tanto para bien como para mal (algunos adultos que ostentan esta característica de sentirse el centro del universo, aladino con la lámpara maravillosa, el ombligo del mundo, etc., son prueba fehaciente de que llevan en su interior un niño fracturado emocionalmente en esta etapa de desarrollo).

Resulta evidente que en el núcleo de una familia disfuncional en donde abundan los pleitos, los reproches, el aislamiento emocional y hasta golpes, el niño imagine que todo es por su culpa: "que si fuera un niño bueno, un niño menos torpe o más guapo, papá o mamá no se hubieran enojado"; " si fuera un niño aplicado o mejor hermano, papá no se hubiera ido de la casa o mamá no estaría siempre de mal humor".

Dadas las características de pensamiento egocentrista, el niño interpreta el impacto de las fallas y adicciones de los padres como castigo por no ser un niño bueno. Incluso, la agresión bestial de una violación sexual en este lapso, el niño tiende a interpretarla como explicación a su poca valía y nula dignidad como ser humano cuarteando el alma de niño con baja autoestima o bien, con una tendencia a la represión sexual con miedo, temor ansiedad y amargura; o bien, a la precocidad sexual, descoyuntando los instintos que lo llevan a buscar el contacto sexual desde muy temprana edad para obtener una caricia, un contacto que le permita sentirse "aceptado" temporalmente, aunque después se reinstale la sensación ya conocida de vacío, dolor, soledad y culpa, mucha, mucha culpa y autodevaluación.

Durante esta fase de desarrollo también se adoptan o se inventan ciertos patrones de conducta, no sólo para llamar la atención de los progenitores o tutores, sino para obtener la mínima dosis emocional de los ingredientes básicos que constituyen el alimento del alma, como es el de saberse importante, la aceptación y el amor que cada ser humano requiere a lo largo de su existencia, tanto o más como se necesita el aire para respirar y que en las etapas tempranas de la infancia constituyen el pilar del desarrollo emocional.

Algunos ejemplos cotidianos de estos patrones conductuales son, por ejemplo: "la niñita buena y obediente", "el niño o la niña perfecta", "el superestrella o el campeón", "la princesita de papá", "el hombrecito de la casa", "el hermano o la hermana mayor que debe poner el ejemplo " y muchos, muchos más patrones de conducta que se convierten en etiquetas que el niño va a cargar durante toda su existencia mientras no logre rescatar al niño que se perdió buscando o inventando formas para ser querido y aceptado, al niño al que fue robada la niñez por inconsciencia de los adultos y que, en vez de descubrirse a sí mismo, se inventó una manera de ser para robarle a la vida una migajita de amor.

Otro factor importante que suele dañar el alma del niño, especialmente en esta etapa tan peculiar, y que no debemos pasar por alto, es el hecho de que todo adulto con un niño interior lacerado, avergonzado y culpable atrapado en lo más recóndito de sí, contempla la vida desde la perspectiva del adulto, atribuyéndole doble intención a la conducta infantil y calificando cada error del infante con malicia y deseos de perjudicar.

En otros casos, el adulto inconsciente hace víctima a los hijos platicándoles todo su penar: el rechazo de los padres, las comparaciones sufridas, el abuso del compañero o compañera, volcando su odio o desprecio sobre el sexo opuesto, la suegra, los padres, la vida, Dios y todo lo que pueda hacer culpable de su fracaso e irresponsabilidad.

Esto constituye otro canal por el que se desvanece la candidez e inocencia de un niño en aras de convertirse en el "rescatador de mamá o papá" durante su niñez; y como adulto, en el "salvador" de inútiles y fracasados, o en misógino, o en mujer

sometida y autodevaluada que acepta lo que sea por una paro-
dia de amor, albergando odio inconsciente hacia los demás,
especialmente hacia el progenitor o adulto inconsciente que se
encargó de robarle la niñez, contaminando con veneno emocional el alma, y lo vierte en contra todo aquello que aprendió
a detestar, incluso contra sí mismo.

Todos estos sentimientos encontrados se traducen en el niño
como culpa inconsciente y en la imposibilidad de establecer
relaciones adecuadas con los demás, condenando al adulto de
mañana a la neurosis y, con ella, la sensación interna permanente de vacío, dolor y soledad.

Es probable que esta lectura te evoque recuerdos dolorosos
de ese ayer perdido en las profundidades de la inconsciencia y
experimentes ahora emociones encontradas de ira, tristeza
y dolor. Anota lo que sientas, deja que fluyan las emociones,
incluso el llanto, guardado durante tan largo tiempo callado y
que, probablemente, experimentes como "un nudo en la gar-
ganta", una opresión en el pecho, dolor de cabeza o pesadez
en la nuca. Deja que fluyan las emociones ¡no las reprimas más!

Si es coraje o ira, golpea un cojín. Escribe lo que sientes, sal
a correr, avienta una pelota en el piso cuantas veces sea necesario, brinca la cuerda, grita, ríe, salta, llora, libera todas y cada
una de la emociones acumuladas durante toda tu existencia,
guardadas durante tan largo tiempo, porque te enseñaron que
"los hombres no lloran", que "las niñas buenas no se enojan",
que la risa y los momentos de felicidad se tienen que pagar
con lágrimas y dolor" y toda esa sarta de tarugadas que, como
plomo, aplastaron tu natural manera de sentir y te han impulsado día con día en tu vida adulta, a la dependencia de sustan-
cias o de personas o a la codependencia, estableciendo relaciones dependientes, destructivas, con los demás, como único
canal para poder sentir, poder constatar que estás vivo, pues al
reprimir emociones y sentimientos, quedó sepultado tu niño
interior en un alud de incomprensión, temor e inseguridad.

Tal vez emerjan en los recuerdos imágenes en las que te
observas a ti mismo tratando de defender a tu madre, a tus

hermanos, de la agresión del padre alcoholizado y violento; es probable que experimentes de nuevo la rabia, el coraje, la frustración y la impotencia de verte enfrentado ante un ogro, siendo tan pequeño. Es probable que ahora los sentimientos se transformen en culpa, porque el corazón te grita que ese monstruo agresivo y golpeador es tu padre. Y aprendiste que no se debe odiar a los padres (inmediatamente separa a las personas de las actitudes y recuerda que lo que en realidad odias es la actitud y no al ser que te dio la vida).

Tal vez ahora experimentes el coraje, la ira, por ver a tu madre siempre temerosa, sometida y gimoteando; tal vez por tu mente circulen pensamientos de desprecio y de reclamo hacia ella por no defenderse, por no hacer algo para evitar esos enfrentamientos agresivos y dolorosos, por permitirte a ti enfrentarte con un hombre de medidas descomunales cuando eras apenas un niño, una niñita tan pequeña.

Quizás ahora afloren recuerdos que te inviten a gritar, a reclamar... ¿Por qué, por qué? ¿Dónde estabas tú cuando esto o aquéllo pasó? ¿En dónde estabas tú cuando yo tanto te necesitaba, cuando lloraba y nadie me escuchaba, cuando gritaba pidiendo ayuda y nadie acudía?

Tal vez en tu mente se formen imágenes que te recuerden aquellos momentos en los que deseabas salir a jugar con los demás niños, y no podías porque había que trabajar o cuidar a los hermanos menores, ser la "madrecita", incluso de adultos, ser la "esposa" de papá, porque la mamá era una inútil porque tenía que trabajar, o siempre estaba enferma evadiendo sus responsabilidades. ¡Acéptalo! cualquiera que haya sido la causa, cualquiera que sea el pretexto o la razón ¡no justifica que te hayan robado la niñez! que hayan sepultado a tu niño interior con su inocencia, su fragilidad, espontaneidad y alegría en un cúmulo de responsabilidades.

¡No se vale!... ¡No se vale! que aquellos tiempos de nostalgia en los que sólo te correspondía descubrirte, forjarte a ti mismo y ser feliz, se hayan nublado con la inconsciencia, el egoísmo y la frustración de los demás. ¡Debe dolerte! Si eres honesto, el sólo recordar te causa un profundo dolor y unos deseos inmensos de llorar, de gritar. Hazlo ahora abrazándote a ti mismo como lo has aprendido a hacer cuando te has encontrado frente a frente con tu "yo bebé" y tu "yo nene". Ahora está frente a ti tu niño... ¡tu niño interior! Observa cómo estira sus manitas hacia ti, cómo te pide con su llanto que lo saques de ese encierro, de ese dolor, que le permitas salir de la tumba en la que hace mucho, mucho tiempo, enterró su dolor, su vergüenza y su culpa y, con ellos, su niñez, ¡sí! ¡su niñez! Mira cómo con su mirada triste e insegura te clama una palabra de aliento, de aceptación; necesita saber que es bueno, necesita que le recuerdes que es ¡la criatura más amada de Dios! Que es sólo un niño aprendiendo a crecer, que no es culpable de la inconsciencia de los adultos, ni de los pleitos ni de la separación de los padres, ni de la lujuria ni de la codicia de los adultos; que no es culpable por parecerse a la persona tan odiada, que no es culpable por no medir consecuencias como las puede preveer un adulto, por cometer errores, por ser diferente y especial.

Ahora que le tienes tan cerquita de tu corazón dile, con toda la ternura que te sea posible expresar, lo que hubieras querido para él, para ella:

"Hubiera querido, mi amor, que nunca, nunca una lágrima de dolor asomara a tu rostro, que nunca hubieras sido el blanco de la inconsciencia de los adultos, que jamás ninguna inconsciencia manchara tu cuerpo ni desgarrara tu corazón."

"Hubiera querido, mi amor, que para ti todas las mañanas fueran un día nuevo para estrenar, para jugar y descubrir la sinfonía de la naturaleza que el señor entonaba para ti."

"Que nunca te sintieras estúpido ni torpe porque sentías y pensabas diferente a los demás; que nunca, nunca sintieras la lápida de la culpa sobre tus espaldas, haciéndote pensar que tú no eras merecedor de nada bueno, haciéndote claudicar tus anhelos y enterrar tus sueños."

"Hubiera querido que te sintieras libre para expresar tus inquietudes, inconformidades, que fueras respetado como un ser humano digno y especial y, sobre todo, que nunca, nunca te sintieras culpable por reír y soñar."

"Hubiera querido, mi amor, que experimentaras día con día la magia y el encanto de ser niño, que tus amigos los escogieras tú, que manifestaras libremente lo que pensabas, lo que querías ser."

"Hubiera querido que jamás dejaras de dialogar con las aves y las flores y que jamás, jamás dejaras de sentir a Dios en tu corazón."

Manteniendo este diálogo con tu niño interior permite que los recuerdos y las imágenes continúen danzando por tu mente, fluyendo libremente, para liberarte de los tumores malignos del alma que te habrían condenado a existir "sin vida", sepultado en un cuerpo de adulto inconsciente que ha repetido día a día lo que desgarró su alma en aquel ayer perdido, agregando con ello eslabones de sufrimiento a las cadenas de inconsciencia de la humanidad; por ignorancia condenando, incluso, a las personas que más amas, a fotocopiar el pasado.

Pero esto ¡se acabó! ¡se acabó! ¡ya no más el monito cilindrero que baila al compás del son por unas monedas, por una caricia o una palabra de aceptación. Ya no más repetir y repetir en tu vida lo que más detestas, lo que por elección consciente ¡hoy! en contacto con tu niño interior, decides no experimentar más.

"¡Ya no más el monito cilindrero que soporta lo que sea por sentirse importante, único y especial! Ahora sabes, mi niño, que eres único e irrepetible y que formas parte del plan divino de la creación y que en un proyecto divino no es posible que existan parches o sobrantes. Ya no tienes que tenderte como tapete al piso, ni disfrazarte con el ropaje del superestrella, del campeón, para escuchar a cuenta gotas lo que tanto necesitas oír y que hoy descubres, que está grabado por el dedo del Creador en lo más profundo de tu corazón desde el principio de la existencia: que eres, mi niño, mi niña... ¡La criatura más amada de Dios!"

Respira profundamente, detén un momento este aire nuevo, aire de libertad y exhala suavemente por los labios y observa detenidamente tus emociones.

¿Cómo te sientes? voltea hacia la ventana y observa a tu alrededor. ¿Cómo ves ahora la vida? ¿Qué te dice el sol? ¿Qué te cuenta la luna? ¿No te dan ganas de atrapar varias estrellas para jugar con ellas o para ponerlas de ruedas en tus carritos?

Quizá sientas deseos de comer un helado de vainilla y chocolate, o montar en bicicleta para descubrir caminos nuevos, o de volar papalotes en el sol, escalar montañas y platicar con Dios.

Observa tu rostro en el espejo, tal vez una sonrisa se asome en tus labios, y en tus ojos descubras un brillo nuevo, desconocido u olvidado.

Observa detenidamente por qué si tu mirada refleja un brillo misterioso como el de la estrella centelleante del amanecer, es que ahí, apenitas a un paso de ti, se encuentra alguien muy querido: tu niño, tu niña interior... con él, con ella, tan cerca, por fin es posible mirar con ojos nuevos un mundo flamante y peculiar.

Ahora es fácil para ti tomar un lápiz imaginario y dibujar en la mente un corcel blanco, ponerle alas, montarte en él y comenzar a volar. ¡Para ti ya no existen imposibles!, pues con tu niño interior rescatado y colocado en la conciencia has recobrado la inocencia y, con ella, la facultad de creer que todo es posible y que cada sueño es fácil convertirlo en realidad.

En este día, como magia, como milagro, has logrado traspasar las fronteras de la inconsciencia para tomar en tus manos a tu niño interior y acercarlo a tu corazón y trasladarlo hacia la región transparente y lúcida de la conciencia en donde se respira aire espléndido de paz, armonía y amor.

Una vez que te hayas liberado de toda esa condena, ese peso agobiante que te mantuvo atado tras la ventana de la existencia para ser sólo espectador de la vida, te suplico que no olvides que ellos, nuestros padres y cada adulto que te dejó una huella de dolor en tu corazón, también actuaron auspiciados por la inconsciencia y la culpa que genera el niño herido, fracturado, encarcelado en cuerpos de adulto y que nadie, absolutamente nadie, puede dar lo que no ha recibido, pues si no existen raíces firmes y sanas, resulta imposible que el árbol florezca y dé frutos, a menos de que, como tú, tome la decisión de transformar su vida y se arme de valor para rescatar al niño interior perdido en el bosque encantado de la inconsciencia y se convierta en pescador de estrellas para construir raíces cósmicas de amor y eternidad.

¡Bravo! ¡Lo lograste! Has atravesado regiones de obscuridad, profundidades de inconsciencia, has enfrentado el impacto de los recuerdos lacerantes, te has careado con osadía y valor a los fantasmas de la culpa y la vergüenza que te habían encadenado a un pasado lastimoso, retratado en cada nuevo hoy, y los has visto desvanecerse en las tinieblas de ese ayer que se ilumina y se transforma en un genuino y verdadero hoy.

Hoy regresas triunfante y victorioso de la región de la inconsciencia; por fin has roto cadenas y candados que te hacían esclavo de ésta; has rescatado de la obscuridad y las tinieblas a alguien muy querido y añorado. Por fin traes en tus brazos, en tu mente y en el corazón a tu niño, tu niña interior.

Puedes decirle adiós a la soledad y a la tristeza inexplicables, adiós al dolor callado, a la culpa sin sentido ni razón. Hoy y para siempre vive contigo en tu conciencia y en tu corazón tu niño, tu niña interior. ¡Por fin eres uno solo en ti, uno solo con Dios!

Tu trofeo es la dicha infinita en el alma y la fuerza interior que fluye a raudales para impulsarte a vivir, a vivir en verdad, a construir el mundo anhelado y forjar cada día un camino sin sombras, un camino de armonía y libertad.

¡Por fin la obscuridad desaparece y se instala la luz y la claridad en tu alma!

¡Por fin puedes prepararte a vivir una vida nueva, una vida mejor!

8

En contacto permanente con tu niño interior

Con tu niño interior en tu mente y en tu corazón es posible clausurar el pasado de sufrimiento, abrir una ventana al futuro, vivir cada hoy cara al viento y en comunión con Dios.

Ahora que has conquistado la dicha inmensa de encontrarte frente a frente con "tu niño interior", que has descubierto las fracturas del alma que te obligaban a repetir patrones de conducta inconscientes y que has despojado tu alma de veneno y laceraciones.

Ahora que por fin has logrado percibir toda la valía y riqueza de "tu niño interior" y descubrirlo tal como es: un proyecto de vida para expresar una chispa de la inteligencia y del amor del Señor nuestro creador. Ahora que sabes que El representa para ti la capacidad de mantener la frescura, la espontaneidad, la inocencia, la vitalidad, la creatividad y todas las características que te permiten mantener la alegría y la fuerza para "estrenar" cada día, con la ilusión de un niño y la madurez de un adulto.

Es importante que mantengas un diálogo constante y consciente con El para eliminar la culpa, el temor, la inseguridad, la ira y las demás emociones desagradables y conflictivas que, seguramente, van a continuar presentándose cuando enfrentes situaciones y a personas que le recuerden a tu niño interior eventos dolorosos y frustrantes del ayer.

Que esto no te confunda; has logrado sanar heridas y fracturas, ya no ignoras las causas que las generaron y conoces las necesidades emocionales que tu niño interior requiere para mantenerse tranquilo y confiado.

Ahora te corresponde a ti mantener ese diálogo permanente con él, pues sería muy cruel que ahora que forma parte consciente de ti, por temores infundados, por las prisas y compromisos de la vida cotidiana, volvieras a abandonarlo otra vez y cayeras de nuevo en la inconsciencia.

Un ejemplo para ilustrar lo anterior es el caso de una fractura ósea que, con tratamiento adecuado, férula de yeso para mantener inmóvil la región, la ingestión de vitaminas y mineralizantes, especialmente calcio, posibilitan el milagro de la curación; aun cuando de manera habitual, nos hemos acostumbrado a ver como algo normal que un hueso partido en dos o más fragmentos quede intacto después de cierto tiempo.

No debemos olvidar que en sí este proceso constituye un milagro que nos habla de un mensaje de vida, de renovación y esperanza, de la oportunidad para comenzar de nuevo.

Pero, en fin, regresando a lo nuestro sabemos que el hueso ya no está fracturado, aunque permanezca una cicatriz ósea que en tiempo de lluvias, de frío, de estrés o de ejercicio violento vuelve a doler, y no es porque el hueso se haya roto otra vez, sino que el dolor es un llamado a tu conciencia para recordarte tu fragilidad y solicitar atención y cuidado (proteger el área sensible —no exponerla a enfriamientos— descansar — alimentarte sanamente, etc.) De igual forma, las cicatrices del alma requieren atención y cuidado constante.

Para mantener un contacto meticuloso y continuo con "tu niño interior" es conveniente recordar que él forma parte de "la región de los sentimientos y emociones": ése es su hogar, por lo tanto, puedes dialogar con él en silencio con todo tu amor; cantarle una canción de cuna o escuchar juntos una melodía hermosa. Abrazarte a ti mismo, un muñeco o un osito de peluche, te lleva derechito hacia el reencuentro con él.

Este es el camino básico y seguro. Practícalo siempre que te sea posible pero, además, debes saber que cuentas con un sinfín de posibilidades para ampliar el contacto y la comunicación directa e inmediata con él, mismas que a continuación vas a descubrir.

Los estudios más recientes sobre las funciones cerebrales superiores nos indican que el hemisferio izquierdo, o sea la parte izquierda del cerebro, está relacionada con las funciones lógico-matemáticas u objetivas y materiales, es decir, que están correlacionadas con lo que puedes ver, oler, tocar y que nos ponen en contacto con el mundo del diario acontecer o de lo cotidiano y material y del aprendizaje académico.

Mientras que el hemisferio derecho está estrechamente vinculado con la actividad subjetiva, con lo que no se puede ver ni tocar ¡pero que se siente!, es decir, con el mundo de las emociones inconscientes; además, con la función de este lado del cerebro también se encuentran relacionadas las actividades místicas y religiosas, como son la oración, la meditación y toda la gama de experiencias espirituales, incluyendo el despertar espiritual mediante la actividad supraconsciente, así como las actividades artísticas, la atención, la concentración mental, la imaginación, la visualización y el diálogo interno contigo mismo, con tus semejantes y con "el poder superior", como tú puedas entenderlo".

Ya te escucho; te preguntarás ¿y esto a mí qué...? pues respóndete tú mismo ¿En dónde vive tu niño interior? ¿No has tenido contacto con él a través de la imaginación, de la visualización? ¿y acaso no has desarrollado una intensa actividad espiritual a lo largo de todo este trayecto fantástico? El contacto con tu niño interior armoniza, integra y equilibra por sí mismo la actividad de ambos hemisferios cerebrales.

¡ Pues ahí está la respuesta ! Cuando te sientas en conflicto, emocionado, enojado, utiliza cualquiera de los recursos ya conocidos y envíale un mensaje de amor y aceptación, con todo el sentimiento, a "tu niño interior". Dile en silencio, como en una oración, que no está solo, que es lo más importante para ti, que no lo vas a abandonar, que no se sienta culpable, que tú le aceptas tal como es, etc., y aquello que tú ya sabes que él necesita escuchar. Pero, además, tienes a tu disposición un territorio amplísimo para enviar mensajes a "tu niño interior", ya que el hemisferio cerebral derecho gobierna toda la mitad del cuerpo izquierdo, mientras que el hemisferio cerebral izquierdo dirige el lado derecho. De tal manera que, independientemente de que seas diestro o zurdo, cuando desees establecer contacto con "tu niño interior", utiliza la parte de tu cuerpo no dominante, es decir, el lado con el que no realizas tus actividades más relevantes, como peinarte, comer, abrir una puerta, etc., toca la mejilla o acaricia el cabello del lado no dominante de tu cuerpo con la mano dominante y, simultáneamente, envíale un mensaje consciente, de preferencia en silencio, como: ¡aquí estoy contigo! ¡te quiero mucho", etc. Este ejercicio consciente equivale a "enviarle un fax" con un mensaje de amor a "tu niño interior" ¿no es maravilloso?

Mira, para que sea más claro vamos a ilustrar con un ejemplo: si te sientes triste o angustiado, acaricia suavemente la mejilla de tu lado no dominante, y en silencio dile a tu niño interior "te quiero mucho", "siempre estoy contigo" o algo que te nazca del corazón. Observa cómo algo parece acomodarse en el alma y como magia desaparece el sentimiento negativo (siempre y cuando éste haya sido generado por situaciones que agreden o atemorizan a "tu niño interior") pues es factible que algunas situaciones de hechos recientes y actuales generen sentimientos y emociones desagradables que no estén obligadamente relacionados con tu niño interior y que requieran otro tipo de atención y manejo. No obstante, aún en estos casos resulta conveniente estrechar la mano no dominante (la que no utilizas para peinarte o comer) y decirle en silencio a "tu niño interior": "¡Puedes irte a jugar a las estrellas, mi amor, este asunto lo debo resolver yo!".

Si en tu niño descubriste la tendencia a la culpa, hazle saber que él no es culpable de nada y que le sigues amando. Observa, de cualquier manera, cómo te sientes más tranquilo y consciente para enfrentar la problemática, pero ya como adulto maduro y capaz.

No dudes en invocar, como siempre, a "tu poder superior". El en cualquier caso, independientemente del tiempo y del espacio, responde al instante con mucho amor y ternura y al momento te envuelve y te protege con su luz; pero cuando lo invitas con el corazón de niño es más fácil sentirlo, incluso verlo, pues la inocencia de un niño permite traspasar las puertas del paraíso y vivir a cada momento el reino de los cielos.

Con este mismo esquema es posible ir más allá de tu propio cuerpo y ampliar las oportunidades para establecer contacto con tu niño interior. Puedes utilizar muñecos y juguetes. Los que manipules con la mano no dominante estarán en relación directa con él, "con tu niño interior", mientras que los que manejes con la mano dominante pueden representarte a ti mismo como adulto o a alguna persona mayor. En estos casos, es conveniente dialogar en voz alta. ¡Te sorprenderás de las cosas que externa tu niño interior! En seguida, propongo una ilustración para esta alternativa de contacto:

Si te sientes confundido, enojado o triste y no logras entender el porqué, elige dos objetos; pueden ser dos muñecos o carritos o fichas o lápices, lo que sea, el objeto en sí no es importante, sino lo que representa y el medio de comunicación que establecen con el mundo de las emociones inconscientes, que es por donde habitualmente deambula "tu niño interior".

Toma uno de ellos con tu mano dominante y el otro con la mano contraria, y moviendo el objeto de la primera (mano dominante) como si fuera un títere dirigiéndose al que tienes colocado en la mano contraria, haz en voz alta alguna pregunta como: ¿qué te pasa, mi amor, ...por qué estás triste, enojado, etc.? Ahora observa cómo tu mano no dominante actúa como si tuviera vida propia —es tu niño interior que aprovecha esta pequeña hendidura para dialogar contigo.

Escucha atentamente lo que escapa del corazón y que sale por tus labios; no razones, no analices. Recuerda que tu niño interior expresa la emoción pura; la razón, o más bien, la racionalización (que es el querer encontrar la causa lógica, justificar o evadir el impacto de emoción), la reprime y la nulifica.

No trates de contener o disfrazar la oleada de emociones; disfruta este momento de comunión con él e identifica sus sensaciones para que puedas responderle con plena conciencia, con mucho cariño y comprensión.

Para contestarle, puedes continuar con el mismo procedimiento, es decir, que el objeto de la mano dominante le responda, lo consuele, lo toque o lo acaricie. También es válido agregar cualquiera de las acciones ya conocidas por ti: abrazarte a ti mismo, enviarle mensajes de amor y aceptación en silencio (te quiero, ya no estás sólo, nadie te va a dañar, etc), visualizarlo en un lugar especial que te produzca dicha y felicidad, y en ese escenario invitar a tu poder superior para que lo abrace y consuele, etc.

Bajo los lineamientos de utilizar el potencial de ambos hemisferios cerebrales mediante el uso de la mano dominante y de la no dominante, también resulta ventajoso el recurso de "escribir cartas", como lo sugiere John Bradshaw en su libro "Volver a la niñez". Para este caso, toma con la mano dominante un lápiz o una pluma y escríbele a tu niño interior como si le escribieras a alguien muy querido que ha permanecido alejado durante mucho tiempo, distante de ti. Dirige la carta utilizando el nombre o apodo con el que te llamaban de niño y escribe lo que salga de tu corazón.

Déjate llevar por los sentimientos; quizá sea tu deseo pedirle perdón por el olvido en el que lo tenías; tal vez quisieras invitarlo, en tu imaginación, a correr tomados de la mano, a montar en bicicleta o a conquistar la cima de una montaña.

Es probable que te invada la tristeza al sentirlo tan cerca y observar su miedo, angustia y soledad; tal vez te invada la rabia por el coraje de percibir en él la carga de la culpa y la vergüenza que lo había sepultado en un mar de inseguridad y desconfianza, o quizá quieras decirle simplemente "te quiero". Sea lo que sea, deja que fluyan tus sentimientos y emociones y viértelos en el papel tal como aparezcan. Deja que el llanto bañe tu rostro una vez más y disfruta la sensación de ser tú, sin temor ni maquillaje, sin máscaras.

Cuando hayas vertido tus sentimientos en esa carta tan especial y mágica dirigida a alguien tan importante, tan cercano y distante a la vez, toma el lápiz con la mano no dominante y dirige una carta a ti mismo, poniendo el nombre o como te gusta que te llamen en la actualidad y deja que desfilen tus sentimientos; embriágate de la magia, del sortilegio de experimentar la dicha de recibir respuesta de "tu niño interior". Disfruta y haz tuyo ese milagro. No te preocupes por la letra, estarás tan ocupado en detener el lápiz, por escribir lo mejor posible que la emoción y la fragilidad de tu niño interior saldrá fácilmente a flote.

Es probable que tu niño interior te pida ayuda, que lo saques de la obscuridad, que lo invites a jugar, que no lo abandones, que te diga cuánto te necesita y cuánto te ama. Si trata de darte consejos, suspende la escritura y abrázate a ti mismo como lo has hecho a lo largo de la trayectoria de rescate, invítalo a tu imaginación con todo el cariño y la ternura de que seas capas de dar y hazle saber que ya no tiene que ser el niño responsable y perfecto que todo lo entiende, para parecer "el niño bueno de mamá" o "la mamita de papá".

Dile que de hoy en adelante sólo debe ser un niño, que no se sienta avergonzado o culpable por sentirse así, que tiene derecho a estar enojado, triste, desconfiado o lo que sea. Que lo quieres ver libre, que sólo deseas que sea feliz sin reclamo, reproche o condición alguna.

Una vez más disfruta el cúmulo de emociones que brotan como manantial incontenible desde lo más profundo de tu ser y experimenta el efecto transformador que te eleva hasta el nivel de la conciencia para respirar aire de libertad.

Con todo este proceso, es viable mantener contacto consciente y permanente con tu niño interior e impedir que se formen en el alma nuevas ataduras de culpa, temor e inseguridad, y para quitar máscaras y maquillaje de inconsciencia y descubrir la verdad tu verdad. Cristo Jesús, nuestro hermano mayor, lo dijo hace mucho tiempo: "La verdad os hará libres". Y así, con plena conciencia y libertad, es posible para ti a través de este nexo con tu niño interior enfrentar la vida como adulto consciente, sin temor ni desconfianza, sin culpa ni autodevaluación y sin deformación de la realidad.

Es posible decir lo que realmente quieres, solicitar con respeto lo que necesitas, entregar el amor sin límites que brota a raudales en tu corazón, sin esperar recompensa o ser querido o aceptado. Este nexo con tu niño interior te permite disfrutar la vida con el alma limpia, con la inocencia de un niño y la madurez de un adulto consciente.

No obstante, a pesar de este diálogo consciente y rico contigo mismo a través de tu niño interior, es probable que todavía persistan ciertos cuestionamientos que limitan tu plena y total transformación interior. Tal es el caso del rechazo y enojo hacia Dios a quien, por costumbre, por hábito inconsciente, hemos culpado de toda la gama de tragedias, enfermedades y carencias que agobian y han agobiado a la humanidad a través de los tiempos, ignorando la propia responsabilidad para construir nuestra vida, ignorando, también, todo el potencial que El nos regaló desde el principio del tiempo y distorsionando su imagen como un Dios cruel, vengativo e injusto, ajeno a su creación material y a las necesidades de sus criaturas.

Cuando se extravió "nuestro niño interior" en ese ayer olvidado, perdido en la inconsciencia, eliminamos también la capacidad de hacer contacto con la emoción y el sentimiento, lo que contaminó nuestros juicios y razonamientos con dogmas y etiquetas establecidas. Así perdimos también la cualidad de conocerle a El, de percibirlo tal como es: un ser infinitamente amoroso, misericordioso, que te ama con un amor incalculable, más allá de toda comprensión y lógica y que te respeta tanto que "no puede" interceder a menos de que tú lo invoques, que tú le permitas actuar, pues entre tantos dones y privilegios te concedió el libre albedrío, que consiste precisamente en la capacidad de elegir libremente.

Para comprender esto, quisiera compartir contigo la experiencia de alguien muy, muy especial, de quien por razones obvias omito su nombre. Ella forma parte de mi corazón y sé que comparte gustosa su vivencia. Ella, al asistir al Taller de Rescate del Niño Interior, descubrió que había sido violada repetidamente por un familiar suyo muy cercano, cuando apenas era una niña. Esta infracción fracturó su alma inocente de una manera severa que le causó, desde la primera agresión, una total autodevaluación que la condujo de la mano a ser "comedora compulsiva" en etapas adultas y a aceptar y propiciar repetidamente situaciones que la hacían sentirse como un vil trapeador del mar.

Su historia, como tantas otras que brotan de las fracturas de niños heridos, sería motivo de un libro aparte, pero en este momento sólo deseo compartir contigo este descubrimiento interior en su proceso de rescate. Ella mencionaba que ya había logrado "ver" a su niña interior, que por fin había entendido que ella no había sido culpable de tan brutal agresión, que ya había logrado perdonar al agresor al darse cuenta de que también él llevaba un niño fracturado dentro y probablemente había sufrido la misma infracción, pero que ella sentía un gran coraje, una intensa cólera contra Dios, y que cuando su niña "le escribía" o le decía algo a través de las técnicas de contacto consciente, siempre le reclamaba y le preguntaba: "¿En dónde estaba Dios en aquellos momentos, cuando ella gritaba y nadie le escuchaba?", "¿En dónde estaba Dios cuando ella lloraba y nadie la consolaba?".

Mi respuesta en aquel momento fue más o menos de esta manera: "Dios estaba dentro de ti llorando contigo y, desde luego, también dentro del violador avergonzado y culpable".

Esas fueron las palabras que salieron del corazón y que, de alguna manera, coinciden con un poema de Amado Nervo, cuyo título no recuerdo, pero que más o menos dice así:

"Dios nace y muere dentro de cada hombre;
Dios ríe y llora dentro de cada uno de nosotros"

Y así es, El vive dentro de cada uno de nosotros, pero es necesario invocarle para que El se haga presente, sólo que para nuestra soberbia intelectual, para nuestra fachada de adultos autosuficientes y prepotentes, Dios sale sobrando. Si acaso lo dejamos entrar a nuestra vida lo vemos como a alguien lejano, distante, siempre presto al juicio y al castigo, cuya presencia estorba más de lo que se le necesita, y no olvidemos que el pensamiento egocentrista de un niño lo obliga a sentirse culpable de cualquier agresión, discusión, separación entre los padres, etc.

Por eso es que en los momentos en los que más se necesita su presencia para sentir el manto de su protección y la caricia de su ternura, por culpa y miedo se le evita y casi siempre se le invoca para reclamarle, para culparle.

Cuando ella escuchó estas palabras, lloró en silencio y posteriormente aseguró que mis palabras habían bastado para reconciliarse con Dios, para sentirlo como su amigo y compañero más cercano. Ella ahora es diferente, ha aprendido a poner límites en su vida, está iniciando un proceso para bajar de peso y ha descubierto que ella es: ¡La criatura más amada de Dios!

Y cuando siente miedo, angustia, culpa o cualquiera de las emociones antiguas que continuamente la hacían sentirse en conflicto y autodevaluada, "habla" con su niña interior y dialoga con Dios, como lo has hecho tú a lo largo de todo este proceso, sin ritos ni ceremonias, simplemente como tu amigo, como tu compañero más cercano, y siente cómo se instala la paz y la armonía interior, además de que siempre encuentra algún recurso o una solución. Ahora sabe que ya no se encuentra sola; en su mente y en su corazón viven de tiempo completo: su niña interior y Dios.

Mediante este nexo consciente con tu niño interior, la mente se mantiene armonizada y preparada para forjar una vida mejor, pues el contacto permanece con él, te permite clausurar la puerta de sufrimiento que te mantenía atado al pasado, obligándote a fotocopiarlo y, a través de él, el nivel subconsciente de la mente se mantiene en una dinámica equilibrada y tranquila.

El diálogo consciente con Dios pone en actividad el nivel supraconsciente que hace posible trascender lo material para tomar la fuerza del espíritu que te permite transformar la realidad, pues de ella surge toda la creación.

El nivel de la conciencia se amplía hasta límites insospechados ya que, a través de todo este entrenamiento, le es permitido abarcar hasta los niveles inconscientes, tanto subconscientes como supraconscientes, por lo que en verdad resulta transformador experimentar este nuevo nivel de conciencia que te obsequia el contacto con tu niño interior.

No te confundas con términos científicos, lo verdaderamente importante es que con el trabajo realizado a través del trayecto de rescate de tu niño interior, de una manera silenciosa, sencilla y casi mágica, has logrado transformar tu interior y surgir a la vida con una nueva visión, una fuerza interior transformadora y la esperanza de forjar una vida mejor.

A continuación te sugiero realizar un ejercicio final de contacto con tu niño interior para integrar el trabajo realizado y regresar a la existencia cargado de tesoros imaginables. Este ejercicio puedes grabarlo y utilizarlo cuando lo consideres necesario. Después de realizarlo, escribe tus impresiones, y si te encuentras trabajando en grupo, comenta tus experiencias. ¿Te encuentras listo?

Imagina un túnel obscuro en donde puedes percibir al final del camino una tenue luz que te invita a alcanzarla. Tomado de la mano de tu poder superior comienzas a penetrar por ese túnel, en donde conforme vas penetrando van apareciendo fantasmas, monstruos y espantajos que te recuerdan sensaciones de abandono, rechazo y soledad.

A tu mente viene un bebito pequeño que durante mucho tiempo experimentó esa sensación y que ahora sabes que duerme tranquilo en una cuna tejida con flores y rayos de sol, cobijado por las estrellas. En tu imaginación puedes visualizarlo una vez más para traerlo a tus brazos y sentirlo cerca de nuevo, muy cerca de tu corazón y decirle en silencio: "ahora sé que estos sentimientos son inspirados por tu llanto silencioso, por tu miedo callado que me impulsaba a buscar dependencias destructivas en mi intento por evadir el sentimiento de vacío y temor; pero ya no más soledad, mi bebito pequeño, mi amor", "recuerda que ahora y para siempre estamos juntos los dos y junto a nosotros El, nuestro amigo sincero y compañero constante."

En este momento entrégale ese bebé hermoso a tu poder superior y ve con cuánto cariño y ternura lo toma en sus manos y lo coloca en su corazón, en donde permanece para siempre.

Ya con tu bebé precioso en el corazón de El y para siempre a tu lado, continúas avanzando y los monstruos de la vergüenza y el temor vuelven a atacar, pero ahora sabes que tu "yo nene" se encuentra sostenido por la mano firme y amorosa del creador, a quien le pides que te permita experimentar la dicha de caminar de nuevo junto a El. Lo puedes observar claramente en tu imaginación y sentir la fortuna de sentirlo de nuevo de tu mano y de la de Dios, nuestro Señor.

¡Vaya equipo maravilloso que se va formando! Un bebé arrullado en el centro del corazón de Dios, un nene tomado de la mano amorosa del Creador y de tu propia mano, sonriéndole a la vida y con el afán de descubrir el mundo, aceptando límites y descubriendo su infinito potencial.

Continúas avanzando por ese túnel que cada vez se va haciendo más claro, los monstruos y fantasmas de culpa y resentimiento se preparan de nuevo para atacar.

Te sorprende que en ti ya no surja la necesidad de parecer el supercampeón o superestrella, o aparentar ser la niñita buena o el hombrecito de la casa, la mamá de mamá, u otro papel que en el ayer adoptabas para obtener migajitas de amor y de aceptación, como el monito cilindrero que baila a cualquier son por unas monedas.

Ahora sabes que tu niño interior ha encontrado la confianza en sí mismo y en tu poder superior para ser simplemente él. Lo puedes observar en tu imaginación, cómo juega y ríe libre de culpa, cómo se atreve a jugar con las estrellas y columpiarse con los rayos del sol.

Observas también cómo sonríe complacido, tu poder superior. Los fantasmas y monstruos se desvanecen y tú sigues caminando hacia adelante, en dirección a la luz. Sólo quedan unas sombras que de momento no identificas y te causan miedo, o tal vez resentimiento o culpa. Son las imágenes de mamá y papá. No te detengas, sigue avanzando hacia ellos y trata de observar al niño herido que ha permanecido encarcelado en su interior. Al observarlo es fácil comprender el porqué de sus actitudes, al contemplar su dolor y sufrimiento, te resultará fácil, muy fácil, perdornarlos, con el perdón genuino, el que surge de la comprensión y de la compasión, el que te permite entender, de una vez por todas, que nadie, absolutamente nadie, puede ofrecer lo que no tiene y que ningún ser humano daña a otro con plena conciencia, sólo repite lo que tanto le dañó.

Invita al niño interior de cada uno de tus padres a jugar con el tuyo. Pídele a tu poder superior que los tome de la mano para traspasar tiempo y espacio, no importa si ellos ya no forman parte de la realidad material presente. Recuerda que la dimensión del espíritu es infinita y, como a Dios mismo, es posible sentirlos, abrazarlos y decirles que los amas con la emoción sincera que sólo un niño puede expresar.

Disfruta esta sensación de reencuentro y perdón y ve cómo se diluyen las murallas de resentimiento y culpa construidas en arenas movedizas de inconsciencia.

Si ellos están aún con vida, realiza el mismo ejercicio de reencuentro y perdón y diles con valentía, sin agresividad, sin resentimiento, que les agradeces todo lo que te han brindado. Si crees que es poco o nada lo que ellos te han dado, recuerda que ya has aprendido a ser honesto para aceptar lo que estás sintiendo. Agradéceles la oportunidad de existir y, sobre todo, acepta que ellos hicieron lo mejor que pudieron con los recursos que contaban, que su propio niño interior lacerado no les permitía expresar una mejor manera de ser. Diles o, más bien, pídele a "tu niño interior" que les diga que los ama y que los invite a jugar al edén de la libertad.

Tú, como adulto, hazles saber que ya no estás dispuesto a aceptar más manipulaciones ni culpas por no actuar como ellos quisieran, por no cubrir sus expectativas, pero que les ofreces el mejor regalo que ser humano alguno pudiera otorgar: el perdón total y liberador, la aceptación y el amor incondicional. Con todo ello les entregas la llave que abre los candados de esclavitud e inconsciencia de humanidad. Ahora, depende de ellos utilizarla o no.

Tú disfruta el aire nuevo del jardín de la libertad, respira profundo, haz tuyo el aire y exhala suavemente por los labios, extiende los brazos hacia arriba como si trataras de volar y disfruta esta nueva sensación privilegiada ¡de ser tú mismo! de haber roto cadenas y candados, de haber traspasado la región de la obscuridad, de abrir caminos para surgir a la luz de la conciencia tomado de la mano del Creador para siempre.

Una sugerencia final

Si para ti este libro te ha resultado de utilidad y ya disfrutas la experiencia transformadora de vivir en contacto con "tu niño interior" y con Dios, si ya es tuya la experiencia de haber roto cadenas y candados de inconsciencia y de respirar aire de libertad, te sugiero que procures hacer llegar un ejemplar de este libro a quien consideres que continúa atrapado en un ayer olvidado y que desconoce la riqueza liberadora del contacto con su niño interior, para que juntos hagamos una cadena de esperanza y logremos forjar el mundo que todos anhelamos para nosotros mismos, para nuestros hijos y para cada ser humano, independientemente de su raza, religión o condición social o económica.

Si no encuentras ejemplares del libro en la librería de tu preferencia, llama a la editorial para que te informen dónde puedes adquirir ejemplares adicionales. Los números telefónicos son: (5) 535 51 35, (5) 546 1713 y (5) 592 2019. Los números de fax son: (5) 535 9202 y (5) 535 1217.

Gracias por compartir conmigo todo el cúmulo de experiencias, tus lágrimas y sonrisas, por permitirme ser un instrumento para que en ti vuelva a surgir la inocencia y la fe de un niño maravilloso, de tu niño interior.

Que Dios te bendiga siempre y te mantenga a ti y a "tu niño interior", en el mismito centro de su corazón.

Raquel Levinstein

Semblaza de la autora

La autora es Directora General del Centro de Asesoría Psicológica e Integración Familiar en donde ofrece cursos, talleres y conferencias relacionadas con temas de superación personal, despertar espiritual, autoestima, dependencias emocionales, resentimiento y perdón y, específicamente, con el rescate del niño interior.

Es autora de 8 audiocintas de superación personal, entre las que destacan Temas para enfrentar la muerte de un ser querido, Contacto con el niño interior, Nueva conciencia, El resentimiento y el perdón, Cómo hacer los sueños realidad y otros, y de los siguientes libros:

El secreto de tu divinidad	(agotado)
Pensando en ti	Editorial Selector
El Infierno del Resentimiento y la Magia del Perdón	Panorama Editorial

Programas de Radio en los que participa:

Es titular del programa "Pensando en ti", que se transmite de lunes a viernes de 4 p.m. a las 5 p.m. y los sábados de 11 a.m. a 12 a.m. en X730 Sintonía Humana de la ciudad de México. Participa cada quince días en la XEW en "el mundo de la mujer actual" con Janett Arceo.

Impartió cursos completos dentro del programa "Hoy, el gran día" con Julieta Lujambio, también en la XEW.

Todos los miércoles, las 24 hrs., En punto de la hora, Las cápsulas "Un minuto en ti" en la estación XEX, 730 de AM.

Recientemente recibió una condecoración al mérito editorial por el éxito del libro *El Infierno del resentimiento y la magia del perdón*, avalada por la Fundación Cultural Plaza Galerías, la Academia Mexicana de Profesionales de Difusión Cultural y la Asociación Pro-fortalecimiento de las tradiciones mexicanas. Fue distinguida en un homenaje nacional en el que plasmó sus huellas para el *Paseo de las Luminarias* en un reco-

nocimiento a su trayectoria como comunicadora, conferenciante y escritora, al lado de grandes personalidades del mundo del espectáculo, el deporte y la cultura en México. .

Recibió de la Asociación Nacional de Locutores su máxima presea: "El micrófono de oro", por sembrar en sus semejantes tres dones infinitos: amor, fe y esperanza, por medio del micrófono.

El Centro de Asesoría Psicológica e Integración Familiar se encuentra a sus órdenes los días martes, jueves y viernes de las 16 a las 21 hrs., en los teléfonos (5) 541-4319 y (5) 547-6525 de la ciudad de México.

Impreso en:
Impresora, Arte y Cultura, S.A. de C.V.
Ignacio M. Altamirano No. 200
Col. Hank González
09700 - México, D.F.
Agosto, 1998